OS 7 HÁBITOS DAS PESSOAS ALTAMENTE EFICAZES

diário

OS 7 HÁBITOS DAS PESSOAS ALTAMENTE EFICAZES

Sean Covey

Tradução
Eduardo Rieche

1ª edição

Rio de Janeiro | 2022

CIP-BRASIL. CATALOGAÇÃO NA PUBLICAÇÃO
SINDICATO NACIONAL DOS EDITORES DE LIVROS, RJ

C914s

Covey, Stephen R., 1932-2012
   Os 7 hábitos das pessoas altamente eficazes : diário / Stephen R. Covey; tradução Eduardo Rieche. – 1ª ed – Rio de Janeiro: Best Seller, 2022

   Tradução de: The 7 Habits of Highly Effective People Guided Journal
   ISBN 978-65-5712-144-3

   1. Sucesso - Aspectos psicológicos. 2. Caráter. 3. Conduta. 4. Diários (Livros em branco). 5. Técnicas de autoajuda. I. Rieche, Eduardo. II. Título.

22-77143

CDD: 155.25
CDU: 159.923.3

Meri Gleice Rodrigues de Souza - Bibliotecária - CRB-7/6439

Texto revisado segundo o novo Acordo Ortográfico da Língua Portuguesa.

Copyright © 2020, FranklinCovey Company
FranklinCovey e logo FC são marcas registradas da FranklinCovey Co.
usadas sob permissão
Copyright da tradução © 2022 by Editora Best Seller Ltda.

TÍTULO ORIGINAL
The 7 Habits of Highly Effective People Guided Journal

DESIGN DE CAPA
Juliana Misumi

Todos os direitos reservados. Proibida a reprodução,
no todo ou em parte, sem autorização prévia por escrito da editora,
sejam quais forem os meios empregados.

Direitos exclusivos de publicação em língua portuguesa para o Brasil
adquiridos pela
EDITORA BEST SELLER LTDA.
Rua Argentina, 171, parte, São Cristóvão
Rio de Janeiro, RJ – 20921-380
que se reserva a propriedade literária desta obra.

Impresso no Brasil
ISBN 978-65-5712-144-3

Seja um leitor preferencial Record.
Cadastre-se no site www.record.com.br e receba informações
sobre nossos lançamentos e nossas promoções.

Atendimento e venda direta ao leitor:
sac@record.com.br

Sumário

Uma nota da editora..9
Como usar este diário..11

Introdução..15
Semana 1   Defina eficácia..16
Semana 2   Seja um modelo de bom caráter...................22
Semana 3   Verifique seus paradigmas.........................28

Hábito 1
Seja proativo..37
Semana 4   Faça uma pausa entre o estímulo
           e a resposta..38
Semana 5   Torne-se uma pessoa de transição................45
Semana 6   Elimine a linguagem reativa.......................51
Semana 7   Use uma linguagem proativa......................56
Semana 8   Diminua seu Círculo de Preocupação.............63
Semana 9   Amplie seu Círculo de Influência..................69
Semana 10 Tenha um dia de proatividade....................73

Hábito 2
Comece com o objetivo em mente........................79
Semana 11 Defina os resultados antes de agir................80
Semana 12 Comemore seu aniversário de 80 anos...........86
Semana 13 Redefina sua missão................................90
Semana 14 Repense um relacionamento......................94
Semana 15 Compartilhe sua missão............................98
Semana 16 Equilibre seus papéis..............................101

Hábito 3

Primeiro o mais importante 109

Semana 17   Estabeleça uma meta............................110
Semana 18   Use bem o seu tempo............................115
Semana 19   Prepare-se para o Quadrante I...................119
Semana 20   Viva no Quadrante II............................123
Semana 21   Planeje sua semana.............................128
Semana 22   Mantenha-se fiel no momento da
            escolha.......................................133
Semana 23   Elimine o que não for importante................139

Da Vitória Particular à Vitória Pública 145

Semana 24   Mantenha seus compromissos....................146
Semana 25   Crie sua Conta Bancária Emocional..............151
Semana 26   Peça desculpas quando necessário...............155
Semana 27   Aprenda a perdoar.............................160

Hábito 4

Pense Ganha/Ganha 167

Semana 28   Leve em consideração as vitórias dos outros,
            assim como as suas.............................168
Semana 29   Evite a Mentalidade de Escassez.................175
Semana 30   Tenha uma Mentalidade de Abundância..........179
Semana 31   Equilibre coragem e consideração...............183
Semana 32   Crie acordos Ganha/Ganha.....................188
Semana 33   Dê crédito....................................192

Hábito 5

**Procure primeiro compreender, depois
ser compreendido 199**

Semana 34   Pratique a escuta empática.....................200
Semana 35   Abra seu coração..............................204

Semana 36 Evite a escuta autobiográfica....................210
Semana 37 Respeitosamente, procure ser
           compreendido..............................216
Semana 38 Leve a comunicação empática para
           o mundo digital...........................222

Hábito 6
Crie sinergia...229
Semana 39 Aprenda com as diferenças....................230
Semana 40 Resolva um problema usando
           a sinergia................................233
Semana 41 Busque as terceiras alternativas.................237
Semana 42 Valorize as diferenças........................244
Semana 43 Avalie sua abertura às diferenças...............250
Semana 44 Remova barreiras............................255
Semana 45 Utilize os pontos fortes dos outros..............259

Hábito 7
Afine o instrumento..265
Semana 46 Alcance a Vitória Particular Diária..............266
Semana 47 Fortaleça seu corpo..........................271
Semana 48 Renove seu espírito..........................276
Semana 49 Afine sua mente............................279
Semana 50 Desenvolva seu coração......................283
Semana 51 Reserve um tempo para você..................288
Semana 52 Domine sua tecnologia.......................295

Isso não é tudo!..**299**
Referências..**299**
Sobre Stephen R. Covey e os 7 Hábitos..................**300**
Sobre o autor Sean Covey....................................**301**

UMA NOTA DA EDITORA

Eu tinha 12 anos quando pus as mãos pela primeira vez em um exemplar de *Os 7 hábitos das pessoas altamente eficazes*, de Stephen R. Covey. Devo explicar que não venho de um país conhecido por ser altamente eficaz — embora, para dizer a verdade, existam pessoas altamente eficazes em todas as partes do mundo. Antes de ler *Os 7 hábitos* e aplicar seus princípios à minha vida, tudo parecia fora do meu controle. Minha terra natal, o Haiti, estava sob o domínio de um ditador brutal, e eu frequentava uma escola rígida, na qual a individualidade parecia ser um luxo inatingível.

Mas eu tinha grandes sonhos de construir uma vida melhor do que a realidade ao meu redor, e dizer que o livro do Dr. Covey mudou minha vida seria um eufemismo. Ele reformulou meu pensamento; me levou a entender que havia fatores que eu poderia influenciar, mesmo parecendo totalmente aquém do meu controle; e me ensinou que eu realmente tinha o poder de mudar minhas circunstâncias. Usei seus princípios para construir um futuro mais brilhante do que qualquer outra coisa que eu pudesse ter imaginado aos 12 anos. Eu diria que a lição mais importante que aprendi com *Os 7 hábitos* foi verificar meus paradigmas — perguntar a mim mesma se eles eram precisos e abrangentes. Esse único princípio me permitiu manter os pés no chão em inúmeras ocasiões.

À medida que fui envelhecendo e ganhando mais liberdade em minha vida, o livro do Dr. Covey foi ficando ao meu lado, suas extremidades cada vez mais dobradas e desgastadas pelo uso. Com ele, aprendi as habilidades necessárias para sair de onde morava, fazer uma faculdade nos Estados Unidos e construir uma vida bem-sucedida e gratificante, realizando um trabalho do qual gosto imensamente. Levei o livro comigo quando me mudei para o sul da Flórida, e também quando viajei à Bolívia para dar aulas em Santa Cruz de la Sierra. Consultei-o quando escrevi meus primeiros livros. Hoje, ainda me reporto aos *7 hábitos* ao estabelecer quaisquer novas metas.

Sou apenas uma entre os mais de quarenta milhões de leitores cuja vida foi positivamente impactada por este livro. Pessoas do mundo todo — de muitos países diferentes e sob diversas circunstâncias — adquiriram sabedoria com as lições apresentadas por Stephen R. Covey.

Parece apropriado que, depois de todos esses anos, eu me encontre editando um diário baseado naqueles 7 Hábitos eficazes e atemporais. Aqui, você encontrará os mesmos princípios básicos do livro original, juntamente com exercícios guiados para preencher o diário e listas de verificação para ajudá-lo a alcançar seus objetivos da maneira mais eficaz possível.

M. J. Fievre
Editora, Mango Publishing

COMO USAR ESTE DIÁRIO

Os 7 hábitos das pessoas altamente eficazes cativam os leitores há mais de trinta anos. O livro transformou a vida de presidentes, diretores executivos, educadores, pais e alunos. Em suma, milhões de pessoas de todas as idades e profissões se beneficiaram de suas lições. Com este diário, a sabedoria e o poder atemporais aos *7 hábitos*, de Stephen R. Covey, também poderão transformá-lo — uma semana de cada vez, sem estresse.

Ao longo deste diário, você encontrará citações poderosas de Stephen R. Covey que vão inspirar, motivar e incentivar a autorreflexão.

Este diário abre espaço para você refletir, redefinir e reorganizar sua narrativa pessoal. A escrita, quando feita de forma transparente e honesta, pode servir como forma de meditação e crescimento.

Você pode iniciar este diário a qualquer momento. Ele está dividido em nove seções e 52 semanas. Ao longo das páginas, você encontrará citações, lições, percepções, desafios, perguntas e atividades instigantes, além de oportunidades para criar as próprias afirmações — tudo apresentado para ajudá-lo a promover mudanças em sua vida pessoal e profissional. Cada exercício começa com instruções bem definidas sobre como proceder, e em vários momentos há orientações detalhadas para concluir o exercício.

Em determinadas semanas, talvez você opte por dedicar dias específicos a certas atividades e estímulos; mesmo assim, o encorajamos a usar diariamente os recursos de autorreflexão contidos no diário.

Aqui está um exemplo de como usar a seção de metas semanais toda semana:

Meta semanal

Beber mais água.

Três ações que vou adotar para atingir minha meta

1. *Pesquisar qual a quantidade diária de água considerada saudável pelos profissionais de saúde.*
2. *Comprar ou providenciar a quantidade adequada de água para a semana.*
3. *Deixar as garrafas de água na parte frontal da geladeira, para que sejam a primeira coisa que eu veja quando estiver procurando algo para beber.*

Afirmação pessoal

Estou no controle da minha saúde. Posso adotar medidas que me ajudarão a viver de maneira mais saudável e ter uma vida mais longa.

•••

Nada neste diário foi colocado ao acaso — cada uma das atividades foi deliberadamente escolhida para ajudá-lo a perceber coisas sobre si mesmo que você nunca soube nem sequer notou antes.

Divirta-se e deixe as coisas fluírem!

Introdução

SEMANA

1

Defina eficácia

"Se você começar a aplicar ao menos um dos 7 Hábitos hoje, poderá observar resultados imediatos; mas trata-se de uma aventura para a vida toda — uma vida de promessas."

— Stephen R. Covey

Esta semana em resumo

A essência da eficácia é obter hoje os resultados que você quer, de forma a garantir resultados ainda melhores no futuro.

Pergunte a si mesmo

O que é mais importante para mim na vida pessoal e profissional?

Para descobrir isso, faça as perguntas abaixo. Responda (uma delas, ou mais de uma) no espaço destinado às anotações.

Como eu me descreveria? O que me deixava feliz quando eu era criança? O que me deixa feliz agora? Qual é a minha maior realização? Qual é o meu maior sonho? Qual é o meu maior medo?

_____
_____
_____
_____
_____

Identificando seus traços de caráter

Os traços de caráter mostram os princípios e valores subjacentes de uma pessoa. Eles são diferentes dos traços de personalidade — aqueles que o mundo vê pelo exterior. Os traços de caráter constituem sua bússola interna e particular. Antes de definir o que a eficácia significa para você, primeiro, deve identificar seus traços de caráter. Assim, você conseguirá ter lucidez sobre seu propósito, descobrir qual é a sua missão na vida, priorizar seu tempo e organizar a vida deixando de lado traços e hábitos que não lhe servem mais. Vamos começar.

Olá, meu nome é:_____

Eu sou (circule todas as opções que se aplicam):

abrangente • acessível • adaptável • alegre • ambicioso • amigável • animado • apaixonado • articulado • astuto • atencioso • atento • autocrítico • autodisciplinado • autossuficiente • aventureiro • bem-informado • bem-humorado • brilhante • calmo • capaz • caridoso • coerente • compassivo • compreensivo • confiante • confiável • constante • cooperativo • corajoso • cortês • criativo • cuidadoso • culto • curioso • de pensamento livre • decisivo • dedicado • detalhista • determinado • digno • diligente • direto • disciplinado • discreto • divertido • educado • eficiente • elegante • eloquente • encorajador • enérgico • engenhoso • engraçado • entusiasta • equilibrado • esperançoso • espontâneo • estável • firme • flexível • focado • forte • generoso • gentil • gracioso • grato • harmonioso • honesto • honrado • humilde • idealista • inabalável • incorruptível • independente • inovador • inspirador • inteligente • interessado • intuitivo • justo • leal • letrado • líder • maduro • mente aberta • misericordioso • motivado • multitarefas • obediente • objetivo • observador • organizado • otimista • ousado • paciente • pacífico • parcimonioso • perceptivo • perfeccionista • persistente • perspicaz • persuasivo • polido • ponderado • pontual • prático • prestativo • profundo • propositivo • racional • reflexivo • relaxado • respeitoso •

responsável • sábio • seguro • sensível • sério • simples • solidário • tolerante • trabalhador • versátil

E eu também sou (circule todas as opções que se aplicam):

abrupto • acrítico • agressivo • ansioso • antissocial • arbitrário • arrogante • artificial • autoindulgente • bagunceiro • bajulador • barulhento • bisbilhoteiro • brando • brutal • cabeça de vento • calculista • carente • ciumento • complacente • compulsivo • controlador • convencido • covarde • crítico • defensivo • dependente • desafiador • desajeitado • desatento • descortês • descuidado • desdenhoso • desencorajador • desinteressado • desmotivado • desobediente • desonesto • desorganizado • desrespeitoso • detestável • difícil • distante • distraído • egocêntrico • egoísta • errático • escapista • esquecido • esquisito • exigente • extremo • fantasioso • fofoqueiro • frio • frívolo • ganancioso • grosseiro • hipersensível • hipócrita • ignorante • imediatista • imitativo • impaciente • imprudente • impulsivo • inconsequente • indeciso • indulgente • infantil • ingênuo • ingrato • inibido • inseguro • insensato • insistente • intolerante • intrometido • irritante • irritável • lamuriento • mal-humorado • manipulador • materialista • medroso • melancólico • melodramático • mesquinho • mimado • mordaz • não confiável • nervoso • obsessivo • opinativo • oportunista • passivo • perfeccionista • pesaroso • pessimista • possessivo • pouco comunicativo • pouco cooperativo • pouco imaginativo • pouco inteligente • pouco prático • preconceituoso • preguiçoso • presunçoso • pretensioso • procrastinador • prolixo • reativo • rebelde • reprimido • reservado • ressentido • rígido • rude • sabe-tudo • sedentário • sedento de poder • sem princípios • sem tato • submisso • superficial • tacanho • teimoso • temperamental • tendencioso • tímido • travesso • turbulento • ultrajante • viciado em trabalho vingativo • volúvel

Para me tornar mais eficaz, gostaria de mudar o seguinte traço de caráter:

_____

Como a mudança de apenas um traço de caráter me ajudará a ser mais eficaz em minha vida profissional:

_____
_____
_____
_____
_____

Como a mudança de apenas um traço de caráter me ajudará a ser mais eficaz em minha vida pessoal:

_____
_____
_____
_____
_____

Mantenha esta lista à mão à medida que for avançando neste diário.

Meta semanal

_____
_____
_____
_____
_____

Três atitudes que tomarei para atingir minha meta

_____
_____
_____
_____
_____

Afirmação pessoal

_____
_____
_____
_____
_____

SEMANA 2

Seja um modelo de bom caráter

"As pessoas que vivem sob a ética de caráter possuem raízes fortes, raízes profundas. Elas suportam os estresses da vida e continuam crescendo e progredindo."

— Stephen R. Covey

Esta semana em resumo

Tal qual a copa de uma árvore, sua personalidade é o que as pessoas veem primeiro. Ainda que a aparência, as técnicas e as habilidades possam influenciar o sucesso que você obtém, a verdadeira fonte da eficácia duradoura está na firmeza do caráter — nas raízes.

Pergunte a si mesmo

Concentrei-me em soluções rápidas e sacrifiquei meu caráter?

Pense em uma pessoa de caráter íntegro:

_____

_____

Identifique alguns dos princípios seguidos por essa pessoa (Circule as opções que se aplicam).

abertura • alegria • altruísmo • amabilidade • ambição • ambientalismo • amizade • amor • aprendizado • aptidão • arte • ascendência • assertividade • astúcia • autenticidade • autoaperfeiçoamento • autoconfiança • autonomia • autorrespeito • autoridade • aventura • beleza • bem-aventurança • bem--estar • boa forma • bondade • bravura • calma • caridade • cidadania • compaixão • competência • competitividade • compreensão • compromisso • comunhão • comunicação • conexão • confiança • conhecimento • conquista • consistência

• constância • contentamento • controle • convicção • cooperatividade • coragem • correção • cortesia • credibilidade • crescimento • criatividade • cuidado • curiosidade • decisão • democracia • desafio • destemor • determinação • devoção • dignidade • diligência • disciplina • diversão • diversidade • eficácia • eficiência • elegância • empatia • energia positiva • engenhosidade • entusiasmo • equilíbrio • esperança • espiritualidade • estabilidade • estrutura • ética • excelência • experiência • expressividade • fama • família • fé • felicidade • foco • força • generosidade • graça • gratidão • habilidade • harmonia • harmonia interior • higiene • honestidade • honra • humildade • humor • igualdade • ímpeto • independência • influência • inspiração • integridade • inteligência • intuição • justiça • lealdade • liberdade • liderança • motivação • mudança • organização • otimismo • ousadia • paciência • paixão • paz • perspicácia • pertencimento • poder • popularidade • prazer • presença • produtividade • profissionalismo • propósito • prospecção • prosperidade • qualidade • raridade • razão • realização • reconhecimento • religião • reputação • respeito • responsabilidade • retidão • riqueza • sabedoria • satisfação • saúde • segurança • segurança financeira • sensibilidade • serviço • simplicidade • sinceridade • status • sucesso • talento • temperança • trabalho duro • trabalho em equipe • trabalho significativo • tradição • transparência • unidade • visão • vitalidade

Adicione alguns princípios de sua preferência:

_____
_____
_____
_____

Qual desses princípios você gostaria de implementar em sua vida para "chegar ao seu melhor"? Pense no seguinte: as regras que você criou, mas acha difícil seguir; o que considera seus maiores fracassos, ou algumas coisas que gostaria de ter feito melhor; momentos em que se sentiu ineficiente, ou que seus esforços foram mal direcionados; alguns dos valores que você se imagina mudando e aqueles que gostaria de manter; o que faz você sorrir/rir ou se sentir bem/realizado.

Não se comprometa demais. Use o tempo que for preciso. Escolha apenas alguns princípios.

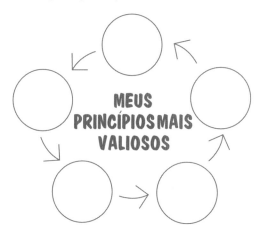

Aqui está um exemplo:

SEMANA 2 – SEJA UM MODELO DE BOM CARÁTER

Depois de selecionar seus princípios mais valiosos, defina uma meta e uma atitude possível para cada um.

Como meta desta semana, você pode escolher confiabilidade. Aqui estão algumas atitudes possíveis que essa meta envolveria:

Gerenciar os compromissos (prometer pouco, entregar muito)

Respeitar o tempo, o meu e o dos outros  **QUERO INSPIRAR MAIS CONFIABILIDADE**  Comunicar proativamente

Dizer NÃO com mais frequência

Confiança

Trabalho em equipe

Qualidade

Responsabilidade social

Crescimento

Criatividade

Meta semanal

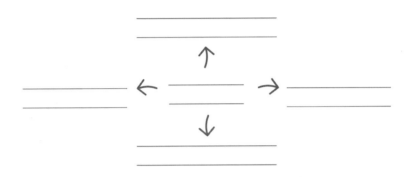

Três atitudes que tomarei para atingir minha meta

_____
_____
_____
_____
_____

Afirmação pessoal

_____
_____
_____
_____
_____

SEMANA
3

Verifique seus paradigmas

"Se quisermos fazer mudanças relativamente pequenas em nossa vida, podemos (…) nos concentrar em nossas atitudes e comportamentos. Mas se quisermos fazer mudanças quânticas significativas, precisamos nos concentrar em nossos paradigmas básicos."

— Stephen R. Covey

Esta semana em resumo

Paradigmas são as maneiras pelas quais as pessoas veem, entendem e interpretam o mundo — seus mapas mentais.

Aqui está uma história que o Dr. Stephen R. Covey compartilhou em *Os 7 hábitos das pessoas altamente eficazes*:

> Certa manhã, no metrô de Nova York, o Dr. Covey vivenciou uma mudança de paradigma. O metrô estava calmo — algumas pessoas estavam lendo o jornal, e outras estavam descansando com os olhos semicerrados. Subitamente, um homem e seus filhos entraram no vagão. As crianças, barulhentas e desordeiras, perturbaram imediatamente o clima de tranquilidade.
>
> Para surpresa do Dr. Covey, o homem sentou-se ao seu lado e fechou os olhos. Então, enquanto as crianças gritavam umas com as outras, atiravam objetos e chegavam a pegar nos jornais das pessoas, o homem continuava sentado sem nada fazer. Para o Dr. Covey, foi impossível evitar a irritação — ele não conseguia acreditar que um homem pudesse deixar os filhos incomodarem os outros daquela maneira e não assumir a menor responsabilidade.
>
> Com alguma moderação e paciência, o Dr. Covey disse ao homem: "Senhor, seus filhos estão perturbando muitas pessoas. Será que não poderia dar um jeito neles?" O homem, então, levantou o olhar e disse, calmamente: "Sim, creio que o senhor tem razão. Acho que deveria fazer algo." Ele explicou que as crianças estavam saindo do hospital. A mãe deles tinha acabado de falecer. "Não sei o que pensar", acrescentou, "e acho que eles também não sabem como lidar com isso."

Naquele momento, o paradigma do Dr. Covey mudou. De repente, ele via, pensava e sentia as coisas de maneira diferente. Sua irritação desapareceu e seu coração se encheu de empatia e compaixão pelo homem. Ele expressou suas condolências e perguntou o que poderia fazer para ajudá-lo. Tudo mudou em um instante.

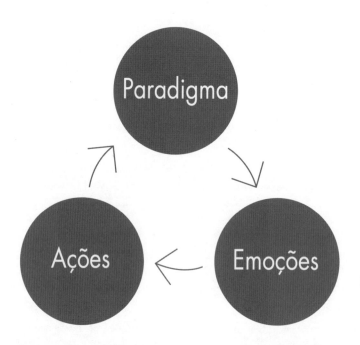

Se mudar seu paradigma, se passar a encarar as coisas de forma diferente, você também mudará as possibilidades. Veja a seguir o que algumas pessoas notáveis afirmaram sobre alguns paradigmas comuns, com os quais todos nos deparamos.

MUDANÇAS DE PARADIGMAS	
Pensamento corrente	**Pensamento após a mudança de paradigma**
"Problemas são contratempos." →	"Durante toda a minha vida, sempre tratei cada problema como uma oportunidade." — Clara Shih, empresária norte-americana
"Siga sua paixão." →	"Não siga sua paixão, siga seu talento. Identifique no que você é bom (logo no início) e comprometa-se a se tornar ótimo nisso." — Scott Galloway, orador público, escritor e empresário
"O passado prevê o futuro." →	"Tomar uma posição a favor do futuro é trazer à tona uma oportunidade nascida não do caminho que trilhamos no passado, mas de uma visão que criaríamos para nós mesmos." — Werner Erhard, escritor e conferencista norte-americano
"O sucesso é o oposto do fracasso." →	"Ganhar é ótimo, com certeza, mas se você realmente vai fazer algo na vida, o segredo é aprender a perder. Ninguém fica invicto o tempo todo. Se você conseguir se recuperar depois de uma derrota esmagadora e vencer novamente, um dia será campeão." — Wilma Rudolph, campeã olímpica norte-americana e ícone do esporte internacional — Werner Erhard, escritor e conferencista norte-americano
"Tudo dá certo no final." →	"A vida não é justa. Acostume-se." — Charles J. Sykes, colunista do *San Diego Union-Tribune*

Descreva brevemente uma situação difícil em sua vida — relacionada à carreira, finanças, família ou saúde, por exemplo. Em seguida, liste cinco palavras que descrevam como você se sente em relação a essa situação.

Exemplo: *Minha irmã Janice só me liga quando precisa de algo (como uma carona até o supermercado), ou para reclamar do marido. Quando ela está com vontade de se divertir, passa o tempo com suas amigas.* **Sinto-me** *usada, desprezada, solitária, zangada e triste.*

_____
_____
_____
_____
_____

O que essas palavras dizem sobre seus paradigmas?

Exemplo: *Janice me subestima. As irmãs deveriam valorizar e amar umas às outras. Ela não me ama, e acha que não vale a pena perder tempo comigo.*

_____
_____
_____
_____
_____

Pergunte a si mesmo

Qual o grau de precisão de meus paradigmas?

Identifique algumas armadilhas de pensamento habituais que podem estar reforçando seus paradigmas atuais. Você está exagerando — ou minimizando — a importância da situação, e assumindo que suas emoções verdadeiramente a refletem? Está se concentrando nos aspectos negativos e ignorando os positivos? Está tirando conclusões precipitadas ou levando as coisas para o lado pessoal? Está generalizando demais?

Exemplo: *É verdade que Janice reclama muito, mas isso mostra que ela confia em mim, não que ela me subestima. Nós nos damos muito bem e passamos algum tempo juntas às vezes. No mês passado, quando a convidei para ir ao cinema, ela estava ansiosa para me encontrar.*

_____
_____
_____
_____
_____

Identifique como seus paradigmas precisam mudar para alcançar as metas que possui, e tome atitudes para esse fim que exijam fé em suas novas crenças. Esta é a chance de perceber que você tem mais força e sorte do que pensava.

Exemplo: *Janice quer passar mais tempo comigo e, se tivesse oportunidade, seria mais inclusiva. Vou ligar para ela e expressar interesse em atividades regulares entre irmãs. Vou me oferecer para nos encontrarmos pelo menos uma vez por semana, às quintas-feiras.*

_____
_____
_____
_____
_____

Meta semanal

_____
_____
_____
_____
_____

Três atitudes que tomarei para atingir minha meta

_____
_____
_____
_____
_____

Afirmação pessoal

_____
_____
_____
_____
_____

Hábito 1

SEJA
PROATIVO

SEMANA 4

Faça uma pausa entre o estímulo e a resposta

"Entre o estímulo e a resposta, existe um espaço, e o segredo para nosso crescimento e nossa felicidade está em como usar esse espaço."

— Stephen R. Covey

Esta semana em resumo

Quando as pessoas são **proativas**, elas fazem uma pausa para escolher suas respostas com base em princípios e resultados desejados.

Quando as pessoas são **reativas**, elas permitem que influências externas controlem as respostas.

Pergunte a si mesmo

Como eu poderia responder proativamente da próxima vez que me deparar com uma situação altamente desafiadora?

_____
_____
_____
_____

7 coisas a serem feitas em situações altamente desafiadoras

- ☐ Entenda o que o faz ficar irritado, para que consiga perceber seus pensamentos negativos logo no início (e evitar o uso de palavrões).

- ☐ Conheça os sinais de alerta da raiva no próprio corpo. Concentre-se na respiração, expire mais do que inspira.

Tensione e relaxe todos os seus músculos. Você está revirando os olhos, cerrando os punhos ou murmurando baixinho? Seu coração está batendo rápido? Está começando a suar e não consegue se concentrar? Está levantando a voz? Está se surpreendendo dizendo coisas como "Não importa" ou "Você está errado", fazendo ameaças ou insultando os outros?

☐ Pare de falar, imagine uma cena relaxante ou faça uma contagem regressiva. Repita para si mesmo: "Estou escolhendo não sentir raiva agora. Eu controlo meus sentimentos." Se possível, solicite um intervalo.

☐ Use o humor — mas não o humor sarcástico, incisivo ou cruel — para liberar a tensão.

☐ Pense em quais seriam as consequências da perda de controle. Essa pessoa ou situação realmente valem a pena? O que _____ (insira o nome de um modelo positivo) faria nesta situação?

☐ Concentre-se no momento presente, use um diálogo interno positivo ou repita uma palavra ou afirmação tranquilizadora:

"O que eu quero que aconteça não está acontecendo, e está tudo bem. Isso não vai durar para sempre."

"Isso é muito importante para mim, então é normal que eu sinta raiva agora. Mas é essencial que eu não aja movido pela raiva. Vou ficar calmo, porque não quero fazer nada para piorar as coisas".

"Nem sempre as pessoas vão fazer o que eu quero. Não posso controlar as palavras e ações delas, mas posso me controlar. Não vou deixar essa pessoa me atingir."

"Sei que a raiva não vai resolver o problema. Como posso resolvê-lo?"

☐ Pergunte a si mesmo: "Qual é a melhor maneira de comunicar a essa pessoa como estou me sentindo?". Mais tarde, assuma quando estiver se sentindo magoado. Lembre-se de usar declarações iniciadas com "Eu".

Esta semana, todas as manhãs, pense no dia seguinte e antecipe uma pessoa ou situação capaz de despertar sua reatividade. Como você pode evitar esse comportamento?

Que situações podem agir como precipitadoras da reatividade? Talvez você esteja se sentindo:

ansioso • atacado • controlado • culpado • deprimido • desamparado • desapontado • desconectado • desconfiado • desconfortável • desconsiderado • desprezado • desprotegido • desrespeitado • encurralado • enganado • envergonhado • esquecido • estressado • exausto • excluído • exposto • frustrado • ignorado • impotente • indeciso • injustiçado • inseguro • invejoso • irritado • julgado • magoado • mal--humorado • negligenciado • nervoso • preocupado • rejeitado • sobrecarregado • solitário • tolhido • vilanizado

Circule acima com quais sentimentos você pode se deparar na próxima semana. Em seguida, decida, todas as manhãs, o que pode fazer para ser proativo em cada dia.

Segunda-feira

_____
_____
_____
_____
_____

Terça-feira

_____
_____
_____
_____
_____

Quarta-feira

_____
_____
_____
_____
_____

Quinta-feira

_____
_____
_____
_____
_____

Sexta-feira

_____
_____
_____
_____
_____

Sábado

_____
_____
_____
_____
_____

Domingo

_____
_____
_____
_____
_____

Meta semanal

_____
_____
_____
_____
_____

Três atitudes que tomarei para atingir minha meta

_____
_____
_____
_____
_____

Afirmação pessoal

_____
_____
_____
_____
_____

SEMANA 5

Torne-se uma pessoa de transição

"Você é influenciado pelos seus genes, pela sua criação e pelo seu ambiente, mas você não é determinado por eles."

— Stephen R. Covey

Esta semana em resumo

Uma **pessoa de transição** interrompe comportamentos tóxicos, abusivos ou ineficazes. Ela modela comportamentos e hábitos positivos que fortalecem e estimulam as outras pessoas.

Pergunte a si mesmo

Quem foram as pessoas de transição para mim? Que influência elas tiveram na minha vida?

_____
_____
_____
_____
_____

> Normalmente, um modelo eficaz demonstra integridade e um conjunto objetivo de valores; boa comunicação; otimismo e confiança; altruísmo, respeito e compaixão; autocontrole; comprometimento, paixão e perseverança; conhecimento e trabalho árduo; e coerência.

Pense nos padrões negativos que podem ter-lhe sido transmitidos por meio de sua educação (um mau hábito, uma atitude negativa etc.).

_____
_____
_____
_____
_____

Como essas coisas o afetam?

_____
_____
_____
_____
_____

O que acontecerá se você deixar de reproduzir esses comportamentos?

_____
_____
_____
_____
_____

Em uma escala de 1 (nenhuma importância) a 5 (muita importância), quão importante isso é para você? Por quê?

_____
_____

_____
_____
_____

Eu posso fazer isso porque sou (circule todas as opções que se aplicam):

apaixonante • arrebatador • caramba, uau! • destemido • durão • espetacular • extraordinário • fabuloso • fantástico • fenomenal • f*dão • fora da realidade • formidável • impressionante • incrível • inspirador • legal • magnífico • maravilhoso • notável • supercalifragilistiexpialidoce

O que você pode pedir que as pessoas façam para ajudá-lo a mudar seus comportamentos?

    1._____
    2._____
    3._____

Como você saberá que está progredindo?

_____
_____
_____
_____
_____

O que você deveria fazer caso começasse a retomar os velhos hábitos?

_____
_____

_____
_____
_____

O que você pode fazer todos os dias desta semana para interromper um padrão negativo?

Segunda-feira: _____

Terça-feira: _____

Quarta-feira: _____

Quinta-feira: _____

Sexta-feira: _____

Sábado: _____

Domingo: _____

Marque a caixa a cada dia que você trabalhou conscientemente para alcançar sua meta.

☐ **Segunda-feira** ☐ **Terça-feira** ☐ **Quarta-feira**
☐ **Quinta-feira** ☐ **Sexta-feira** ☐ **Sábado** ☐ **Domingo**

Minha recompensa:

_____
_____

_____
_____
_____

Meta semanal

_____
_____
_____
_____
_____

Três atitudes que tomarei para atingir minha meta

_____
_____
_____
_____
_____

Afirmação pessoal

_____
_____
_____
_____
_____

SEMANA 6

Elimine a linguagem reativa

"Um problema sério com a linguagem reativa é que ela se torna uma profecia autorrealizável. As pessoas (...) se sentem vítimas e sem controle, como se não fossem responsáveis pela própria vida ou pelo próprio destino. Elas culpam as forças externas — as outras pessoas, as circunstâncias, e até mesmo as estrelas — pela própria situação."

— Stephen R. Covey

Esta semana em resumo

Usar uma **linguagem reativa** é um sinal explícito de que você se vê como vítima das circunstâncias, e não como uma pessoa proativa e autoconfiante.

Reativa *versus* Proativa	
Linguagem reativa	**Linguagem proativa**
Não há nada que eu possa fazer.	Vou procurar alternativas.
Eu sou assim mesmo.	Posso escolher uma abordagem diferente.
Eles me deixam muito irritado.	Eu controlo meus sentimentos.
Você estragou meu dia!	Não vou deixar seu mau humor me afetar.
Eles não permitem isso.	Vou inovar!
Eu tenho que fazer isso.	Vou escolher uma resposta apropriada.
Eu não posso...	Eu escolho...
Eu devo...	Eu prefiro...
Se ao menos...	Eu vou...
As coisas estão piorando.	Que iniciativa posso tomar?
Assim está bom.	Esse é realmente meu melhor trabalho? Sempre posso melhorar, então vou continuar tentando.
Isso é muito difícil!	Vou precisar trabalhar e me esforçar.
Eu não sou bom nisso.	Cometer erros me ajudará a melhorar.
Não entendo.	O que está me escapando?
Desisto!	Isso é realmente desafiador, mas vou continuar tentando. Vou usar algumas das estratégias que aprendi.
Eles são tão inteligentes. Nunca serei tão inteligente assim.	Vou descobrir como eles fazem isso, para que eu possa tentar também!
O plano A não funcionou.	Ainda bem que o alfabeto tem outras 25 letras!

Eu sou tão burro.	Opa, cometi um erro.
Ninguém gosta de mim.	Eu gosto de mim.
Sou um ser humano desprezível.	Fiz algo repreensível.
Eu nunca faço nada certo.	Ainda não descobri como fazer isso.
Eu não sou bom o suficiente.	Eu sou suficiente, e digno também.

Pergunte a si mesmo

Minhas palavras estão me tornando uma vítima? Quais são algumas coisas que consigo controlar (por exemplo, palavras, ações e comportamentos), e algumas outras que estão fora do meu controle (por exemplo, erros do passado, família, colegas de trabalho etc.)?

Vamos analisar mais detalhadamente, tendo em mente **diversas áreas da vida**:

Áreas	Aspectos que consigo controlar	Aspectos que não consigo controlar
Seus valores fundamentais, personalidade, traços de caráter e emoções		
Seu ambiente		
Sua saúde e necessidades essenciais		
Seus relacionamentos		
Seu dinheiro e patrimônio		
Sua carreira e conquistas		
Suas aptidões		
Sua espiritualidade		

Tente passar um dia inteiro sem usar nenhuma linguagem reativa como "Não posso", "Eu devo" ou "Vocês me deixam muito irritado".

Marque a caixa a cada dia que você trabalhou conscientemente para alcançar sua meta.

☐ **Segunda-feira** ☐ **Terça-feira** ☐ **Quarta-feira**
☐ **Quinta-feira** ☐ **Sexta-feira** ☐ **Sábado** ☐ **Domingo**

Minha recompensa:

_____
_____
_____
_____
_____

Como foi a experiência?

_____
_____
_____
_____
_____

Lembre-se:

- Pare e pense antes de agir. Pergunte a si mesmo: "Qual é a coisa certa a fazer?".

- Seja responsável por si mesmo. Os outros não "fazem" você se sentir de determinada maneira — você escolhe se sentir assim.

- Tenha consciência do que sente e aprenda maneiras saudáveis de gerenciar suas emoções.

Você imediatamente se torna mais eficaz quando decide mudar a si mesmo, em vez de ficar esperando que as coisas mudem.

Meta semanal

_____
_____
_____
_____
_____

Três atitudes que tomarei para atingir minha meta

_____
_____
_____
_____
_____

Afirmação pessoal

_____
_____
_____
_____
_____

SEMANA 7

Use uma linguagem proativa

"Não sou produto das minhas circunstâncias. Eu sou produto das minhas decisões."

— Stephen R. Covey

Esta semana em resumo

A linguagem é um indicador real do seu grau de proatividade. Usar uma linguagem proativa ajuda você a se sentir mais capaz e o encoraja a agir.

Uma pessoa **proativa** usa a linguagem proativa (por exemplo, eu posso, eu vou, eu prefiro etc.). Uma pessoa **reativa** usa a linguagem reativa (por exemplo, eu não posso, eu devo, se ao menos etc.). Pessoas **reativas** acreditam que não são responsáveis pelo que dizem e fazem; sentem que não têm escolha.

As afirmações a seguir são proativas ou reativas?

AFIRMAÇÕES	PROATIVA	REATIVA
1. O projeto falhou porque não mobilizei a equipe de maneira eficaz. Da próxima vez, vou mudar minha estratégia: vou fazer uma apresentação mais eficaz e explicar a importância do papel de todos para o sucesso deste projeto.		
2. O projeto falhou porque não recebi apoio suficiente dos outros membros da equipe. Eles precisam fazer um trabalho melhor da próxima vez.		
3. Gostaria de poder tirar uma semana de folga e viajar para a praia com meus filhos, mas não posso porque preciso trabalhar e não disponho de tempo suficiente para férias.		

4. Eu adoraria tirar uma semana de folga e viajar, mas atualmente a minha segurança financeira e minha carreira são mais importantes para mim. Escolho não fazer esta viagem para me concentrar em minha carreira.		
5. Se ao menos eu tivesse um cônjuge mais compreensivo.		
6. Tenho controle dos meus sentimentos.		

Proativa: 1, 4, 6
Reativa: 2, 3, 5

Proatividade é quando há um problema e tudo parece fora de controle, ou quando algo não está funcionando, **mas você continua investindo o tempo necessário para encontrar a resposta/solução certa**.

A tabela a seguir indica as principais características inerentes às pessoas proativas e reativas, e o modo como as afirmações podem diferenciar umas das outras.

Proatividade	Reatividade
Atividade e iniciativa	Passividade
Mudança de circunstâncias de acordo com as metas da pessoa, ou escolha de circunstâncias que levem ao alcance das metas	Estado de espírito e/ou resultado de ações diretamente dependentes das circunstâncias e fatores externos
Responsabilidade pelas consequências das decisões tomadas	Recusa em assumir a responsabilidade/transferência da responsabilidade para os outros
Busca de metas com base em princípios	Orientação guiada pela emoção
Ser um objeto de ação	Ser o sujeito da ação
Consciência da liberdade de escolher uma reação para cada acontecimento	Relação direta entre um acontecimento e a reação a esse acontecimento

Como você reescreveria as seguintes afirmações reativas, transformando-as em proativas?

"Vou começar a fazer exercícios físicos depois que minha carga de trabalho diminuir."	
"Se meu chefe não fosse um idiota."	
"Se meu trabalho não tomasse todo o meu tempo."	
"Se eu tivesse tido uma formação melhor."	
"Você me faz perder tempo!"	
"Nunca fiz isso antes, e não entendo nada disso."	
"Não tenho os contatos necessários."	
"Não tenho dinheiro para começar este negócio."	
"Ninguém precisa disso."	
"Eles não vão apoiar minha proposta mesmo."	
"Gostaria de fazer isso, mas não tenho tempo."	

Pergunte a si mesmo

Existe uma área da minha vida em que estou tendo dificuldades atualmente? Como eu descreveria a situação?

_____
_____
_____
_____
_____

Agora use algumas frases proativas para reformular a situação que você acabou de descrever.

_____
_____
_____
_____
_____

O que muda em como você se sente a respeito de si mesmo quando usa uma linguagem proativa?

_____
_____
_____
_____
_____

Hoje, conscientemente, inicie as frases da seguinte forma:

"Eu escolho..."

"Eu consigo..."

"Eu posso..."

Marque a caixa a cada dia que você trabalhou conscientemente para alcançar sua meta.

☐ **Segunda-feira** ☐ **Terça-feira** ☐ **Quarta-feira**
☐ **Quinta-feira** ☐ **Sexta-feira** ☐ **Sábado** ☐ **Domingo**

Minha recompensa:

_____
_____
_____
_____
_____

Meta semanal

_____
_____
_____
_____
_____

Três atitudes que tomarei para atingir minha meta

_____
_____
_____
_____
_____

Afirmação pessoal

_____
_____
_____
_____
_____

SEMANA 8

Diminua seu Círculo de Preocupação

"Seja uma luz, não um juiz; seja um modelo, não um crítico."

— Stephen R. Covey

Esta semana em resumo

Seu **Círculo de Preocupação** inclui coisas com as quais você se preocupa, mas não consegue controlar. Se você se concentrar nisso, terá menos tempo e energia para investir nas coisas que *consegue* influenciar.

O que você consegue controlar

Sua atitude e seu comportamento • Suas ações e reações • Sua mentalidade • Se tem pensamentos positivos ou negativos • A frequência com que pensa em seu passado • Suas metas e no que se concentra • Onde coloca sua energia • O tipo de diálogo interno que você usa • Quanto tempo gasta se preocupando • Como se relaciona com seus sentimentos • Como se relaciona com os outros • Estabelecer e respeitar limites • Quando se desvencilhar de uma conversa • Se cumpre ou não suas responsabilidades • Que compromissos mantém e cancela • Se assume seus erros • Se e quando tenta novamente • Quantos riscos assume • Se formula um novo plano ou age de acordo com o existente • Quanta informação obtém antes de tomar uma decisão • Quanta informação compartilha com as pessoas • Como cuida do próprio corpo • Que estratégias de enfrentamento usa • Quão bem se prepara e quanto esforço dedica ao trabalho • Se vive de acordo com seus valores fundamentais • Se pratica o crescimento pessoal • Se você se mostra presente • A atenção que dá aos seus entes queridos quando os vê • Quando gastar artigos de luxo

Adicione outras situações de sua preferência:

_____
_____
_____
_____
_____

O que você não consegue controlar

Mudanças • O clima • Sua altura e a cor de sua pele • O que os outros pensam e sentem • O que os outros dizem e fazem • O trânsito • O passado • O futuro • A felicidade e as expectativas das outras pessoas • Onde e quando você nasceu • Quem são seus pais • A calvície • Seus talentos naturais • A sorte • Diversas doenças • O tempo e o envelhecimento • A economia internacional • O governo • A morte • A vontade de Deus • Desastres naturais • Preços da gasolina • A guerra • A fome • Limitações físicas e mentais • O resultado de campeonatos esportivos • Pessoas que o prejudicaram • Se (e quanto) as pessoas gostam ou não gostam de você • A dor • O fato de que a vida nem sempre é justa • Cenários hipotéticos • Suas necessidades físicas (comida, sono etc.) • O resultado exato de qualquer coisa • Gatos

Adicione outras situações de sua preferência:

_____
_____
_____

_____

_____

Pergunte a si mesmo

Quanto tempo e energia investi esta semana em coisas que não consigo controlar, como as listadas anteriormente?

_____

_____

_____

_____

Aqui estão algumas estratégias de enfrentamento para lidar com o que você não consegue controlar:

- Reconheça seus sentimentos e identifique seus medos.
- Flexibilize seus planos. Não se apegue a um resultado.
- Em vez de se fixar nas razões (por exemplo, "Se eu fosse mais magro, as pessoas gostariam de mim"), faça uma lista do que consegue controlar e concentre-se na influência que é capaz de exercer.
- Escreva afirmações saudáveis e coloque-as onde possa vê-las com frequência.
- Crie um plano de gerenciamento de estresse.
- Recorra a pessoas de confiança e peça-lhes que o ajudem a diferenciar entre desabafar, "descarregar" (reclamar excessivamente) e resolver problemas.

- Aceite que a vida é incerta. Lembre-se de que nada é permanente, incluindo os contratempos. Acolha (ou, pelo menos, aceite) a mudança.
- Mude sua perspectiva e trabalhe em prol do crescimento pessoal.

Adicione mais itens à lista:

___
___
___
___

Pense em um problema ou oportunidade que você está enfrentando atualmente. Faça uma lista e coloque tudo isso dentro do seu círculo de preocupação — e, depois, não pense mais nisso — queime, rasgue, jogue no vaso sanitário.

___
___
___
___

Meta semanal

_____
_____
_____
_____
_____

Três atitudes que tomarei para atingir minha meta

_____
_____
_____
_____
_____

Afirmação pessoal

_____
_____
_____
_____
_____

SEMANA 9

Amplie seu Círculo de Influência

"Pessoas proativas concentram seus esforços no Círculo de Influência. (...) A natureza de sua energia é positiva, expansiva e grandiosa."

— Stephen R. Covey

Esta semana em resumo

Seu **Círculo de Influência** inclui aquilo que você *consegue* afetar diretamente. Quando você se concentra nisso, expande seu conhecimento e sua experiência. Como resultado, seu Círculo de Influência aumenta.

Pergunte a si mesmo

Meu Círculo de Influência está aumentando ou diminuindo?

FOCO PROATIVO
A energia positiva amplia o
Círculo de Influência

FOCO REATIVO
A energia negativa reduz
o Círculo de Influência

Pense em um grande desafio que você esteja enfrentando. Anote-o aqui.

_____
_____
_____

_____
_____

Liste tudo o que consegue controlar.

_____
_____
_____
_____
_____

Observando seu Círculo de Influência, anote em quais atitudes você pode trabalhar a cada dia desta semana para ampliar sua influência.

Segunda-feira: _____
Terça-feira: _____
Quarta-feira: _____
Quinta-feira: _____
Sexta-feira: _____
Sábado: _____
Domingo: _____

Meta semanal

_____
_____
_____
_____

Três atitudes que tomarei para atingir minha meta

_____
_____
_____
_____
_____

Afirmação pessoal

_____
_____
_____
_____

SEMANA 10

Tenha um dia de proatividade

"Todo ser humano tem quatro dons — autoconsciência, consciência, vontade independente e imaginação criativa. Esses dons nos concedem a suprema liberdade humana: o poder de escolher, de responder, de mudar."

— Stephen R. Covey

Esta semana em resumo

Pessoas **proativas** são a "força criativa da própria vida" — elas escolhem o próprio caminho e assumem a responsabilidade pelos resultados.

Pessoas **reativas** se consideram vítimas.

Pergunte a si mesmo

O que está acontecendo atualmente na minha vida é capaz de afetar minha proatividade?

_____
_____
_____
_____

Todos os dias desta semana, evoque um dos quatro dons — autoconsciência, imaginação criativa, consciência e vontade independente — quando sentir que está se tornando reativo. Tente usar cada um dos quatro ao longo do dia.

Marque a caixa a cada dia que trabalhou conscientemente para alcançar sua meta.

☐ **Segunda-feira** ☐ **Terça-feira** ☐ **Quarta-feira**
☐ **Quinta-feira** ☐ **Sexta-feira** ☐ **Sábado** ☐ **Domingo**

Escreva algumas reflexões rápidas sobre sua experiência esta semana:

Segunda-feira
_____

Terça-feira
_____

Quarta-feira

Quinta-feira

Sexta-feira

Sábado

Domingo

Meta semanal

_____
_____
_____
_____
_____

Três atitudes que tomarei para atingir minha meta

_____
_____
_____
_____
_____

Afirmação Pessoal

_____
_____
_____
_____
_____

Hábito 2

COMECE COM O OBJETIVO EM MENTE

SEMANA 11

Defina os resultados antes de agir

"É incrivelmente fácil (...) trabalhar cada vez mais arduamente para subir a escada do sucesso, para, no fim, descobrirmos que ela está encostada na parede errada."

— Stephen R. Covey

Esta semana em resumo

Todas as coisas são criadas duas vezes — a primeira mentalmente e a segunda fisicamente. Antes de agir, comece com uma ideia determinada do que deseja alcançar.

Pergunte a si mesmo

Qual a diferença em meus resultados quando começo com um objetivo definido em mente?

_____
_____
_____
_____
_____

Segunda-feira

Crie sua agenda semanal usando o calendário da próxima página.

Terça-feira

Na agenda de hoje, escolha um item de trabalho e um item pessoal. Escreva o objetivo que tem em mente para cada um deles.

_____
_____

_____
_____
_____

MINHA SEMANA

SEGUNDA-FEIRA	TERÇA-FEIRA	QUARTA-FEIRA	QUINTA-FEIRA

SEXTA-FEIRA	SÁBADO	DOMINGO	ANOTAÇÕES

Quarta-feira

Olhe atentamente para a sua agenda. O que o está impedindo de buscar a vida que deseja?

_____
_____
_____
_____
_____

Quinta-feira

Quais são suas cinco principais prioridades na vida? Sua agenda semanal reflete essas prioridades? Liste-as abaixo.

_____
_____
_____
_____
_____

Sexta-feira

Como você se descreveria para alguém que não o conhece? Sua agenda semanal é um reflexo de quem você realmente é? Anote essa descrição abaixo.

_____
_____
_____
_____
_____

Sábado

Qual é o seu ponto mais forte? Como você está usando esse ponto forte esta semana? Escreva-o abaixo.

_____
_____
_____
_____
_____

Domingo

Quais são as suas metas para a próxima semana?

_____
_____
_____
_____
_____

Meta semanal

_____
_____
_____
_____

Três atitudes que tomarei para atingir minha meta

_____
_____
_____
_____
_____

Afirmação pessoal

_____
_____
_____
_____
_____

SEMANA 12

Comemore seu aniversário de 80 anos

"Lá no fundo de cada um de nós existe o desejo de viver uma vida de grandeza e contribuição — de realmente importar, de realmente fazer a diferença."

— Stephen R. Covey

Esta semana em resumo

Ser eficaz significa investir em seus relacionamentos e responsabilidades mais importantes para definir o legado que você pretende deixar.

Pergunte a si mesmo

Que é o legado que pretendo deixar?

_____
_____
_____
_____
_____

Visualize sua festa de aniversário de 80 anos. Escreva o que gostaria que cada grupo dissesse sobre você e o impacto que causou na vida de cada uma dessas pessoas.

Sua família

_____
_____
_____
_____
_____

Seus amigos e vizinhos

_____
_____
_____
_____
_____

Seus colegas

_____
_____
_____
_____
_____

O que você pode fazer esta semana para ajudar a tornar isso uma realidade?

_____
_____
_____
_____
_____

Meta semanal

_____
_____
_____
_____
_____

Três atitudes que tomarei para atingir minha meta

_____
_____
_____
_____
_____

Afirmação pessoal

_____
_____
_____
_____
_____

SEMANA 13

Redefina sua missão

"Uma missão pessoal (...) empresta aos indivíduos uma força atemporal em meio à mudança."

— Stephen R. Covey

Esta semana em um resumo

Sua missão define seus valores e prioridades mais elevados. É o objetivo que você tem em mente para a própria vida. Ela permite que você molde seu futuro, em vez de deixá-lo ser moldado por outras pessoas ou pelas circunstâncias.

Pergunte a si mesmo

Qual é minha visão irrefutável do meu futuro?

_____
_____
_____
_____
_____

Reproduzimos a seguir um trecho de "Os argumentos para comer menos queijo cottage e mais sorvete", uma coluna escrita pela humorista norte-americana Erma Bombeck, detalhando os valores que a autora gostaria que tivessem guiado suas decisões diárias.

> Se eu pudesse viver minha vida de novo, (...) teria havido mais eu te amo, (...) mais sinto muito, (...) mais estou ouvindo, (...) mas, principalmente, se eu tivesse outra chance na vida, aproveitaria cada minuto dela (...) para olhá-la e realmente vê-la, (...) vivê-la, (...) esgotá-la, (...) e nunca devolver aquele minuto até que não tivesse sobrado nada.

Se você estivesse escrevendo a própria versão deste texto, o que incluiria?

_____
_____
_____
_____

Use essas ideias para elaborar sua missão.

Acesse msb.franklincovey.com para consultar um Construtor de Missão gratuito [site em inglês]. Ao revisar sua missão pessoal, verifique se ela:

- Se baseia em princípios
- Elucida o que é importante para você
- Proporciona direcionamento e propósito
- Representa o que há de melhor em você

Anote sua missão:

_____
_____
_____
_____

Meta semanal

_____
_____
_____
_____
_____

Três atitudes que tomarei para atingir minha meta

_____
_____
_____
_____
_____

Afirmação pessoal

_____
_____
_____
_____
_____

SEMANA
14

Repense um relacionamento

"Como nossa vida é diferente quando realmente sabemos o que é profundamente importante para nós."

— Stephen R. Covey

Esta semana em resumo

Quando você se concentra na eficácia, às vezes acaba negligenciando as pessoas que realmente importam. A verdadeira eficácia provém do impacto que você causa nos outros.

Pergunte a si mesmo

Esta semana, como posso cuidar de um relacionamento que é importante para mim?

_____
_____
_____
_____
_____

Maneiras de melhorar um relacionamento

Romântico, amigável, profissional, familiar — estas dicas se aplicam a todos os tipos de relacionamentos!

1. **Equilibre** suas necessidades de autocuidado com as necessidades do relacionamento.
2. **Faça depósitos consistentes e frequentes** na conta bancária emocional das pessoas. Certifique-se de saber o que a outra pessoa entende por depósito.
3. Esteja disposto a **se comunicar**. Procure primeiro compreender, e DEPOIS ser compreendido. Pratique a

Escuta Empática. Não ouça com a intenção de responder. Saiba quando falar e quando esperar até que ambos estejam prontos para abordar um assunto.

4. **Conheça os limites**. Certifique-se de que o toque/carinho físico seja mutuamente aceitável.
5. **Apoiem** um ao outro sem se sentirem obrigados a fazer tudo juntos. Sejam respeitosos ao oferecer apoio. Sejam o farol para o outro quando um dos dois se perder, mas saibam quando procurar ajuda profissional para fazer o relacionamento funcionar.
6. **Seja responsável** pelas coisas com as quais se compromete. Faça do relacionamento uma prioridade.
7. **Mostrem-se presentes**. Não busquem o outro apenas quando as coisas estiverem ruins. Mantenham-se sintonizados, fiquem um ao lado do outro ao passar por altos e baixos. Escutem *de verdade*.
8. **Pratiquem o perdão** e encorajem um ao outro a serem pessoas melhores.

Reserve algum tempo para escrever o objetivo que você tem em mente para um relacionamento importante.

_____
_____
_____
_____

O que você pode fazer esta semana para tornar realidade esse objetivo?

_____
_____
_____

Meta semanal

_____
_____
_____
_____
_____

Três atitudes que tomarei para atingir minha meta

_____
_____
_____
_____
_____
_____

Afirmação pessoal

_____
_____
_____
_____
_____
_____

SEMANA 15

Compartilhe sua missão

"Nossas missões na vida não são inventadas, e sim detectadas."

— Viktor Frankl

Esta semana em resumo

Sua missão não é feita apenas para você. Seus entes queridos podem se beneficiar ao tomar conhecimento de suas metas, valores e visão.

Pergunte a si mesmo

Quais pessoas da minha vida são mais afetadas por minha missão pessoal?

1. _____
2. _____
3. _____
4. _____
5. _____

Observe sua lista. Esta semana, compartilhe sua missão pessoal com alguém em quem confia — um amigo ou membro da família. Peça-lhes para ajudá-lo a refiná-la.

Anote alguns de seus comentários:

_____
_____
_____
_____

O que você acha das sugestões que foram dadas?

_____
_____
_____
_____
_____

Meta semanal

_____
_____
_____
_____
_____

Três atitudes que tomarei para atingir minha meta

_____
_____
_____
_____
_____

Afirmação pessoal

_____
_____
_____
_____
_____

SEMANA 16

Equilibre seus papéis

"Talvez você descubra que sua missão será muito mais equilibrada, muito mais fácil de trabalhar, se dividi-la entre áreas específicas da vida e nas metas que deseja alcançar em cada área."

— Stephen R. Covey

Esta semana em resumo

Ao tentar desempenhar todos os papéis-chave em sua vida, por vezes você pode acabar enfatizando demais um dos papéis importantes (geralmente, relacionado ao trabalho) e deixando os outros desequilibrados.

Circule os três principais papéis nos quais deseja se concentrar nesta semana. Se precisar, adicione outros de sua preferência.

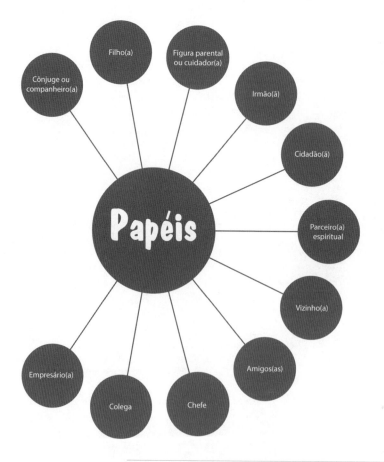

Pergunte a si mesmo

Quais são os papéis importantes na minha vida (companheiro(a), profissional, pai/mãe, vizinho(a) etc.)?

_____
_____
_____
_____
_____

Agora, volte à agenda que você criou na página 82. Se alguma coisa tiver mudado desde aquela semana (Semana 11), defina uma nova agenda na próxima página.

MINHA SEMANA

SEGUNDA-FEIRA	TERÇA-FEIRA	QUARTA-FEIRA	QUINTA-FEIRA

SEXTA-FEIRA	SÁBADO	DOMINGO	ANOTAÇÕES

Você está se deixando absorver por um único papel em detrimento dos outros?

_____
_____
_____
_____
_____

Identifique um papel importante que você possa estar negligenciando. O que pode fazer esta semana para desempenhar melhor esse papel?

_____
_____
_____
_____
_____

Meta semanal

_____
_____
_____
_____
_____

Três atitudes que tomarei para atingir minha meta

_____
_____
_____
_____
_____

Afirmação pessoal

_____
_____
_____
_____
_____

Hábito 3

PRIMEIRO O MAIS IMPORTANTE

SEMANA 17

Estabeleça uma meta

"A felicidade pode ser definida, pelo menos em parte, como fruto do desejo e da capacidade de sacrificar o que queremos *agora* pelo que iremos querer *no futuro*."

— Stephen R. Covey

Esta semana em resumo

Suas metas devem refletir seus valores mais profundos, talentos únicos e missão. Metas eficazes dão sentido e propósito à sua vida cotidiana e se traduzem em atividades diárias.

Pergunte a si mesmo

O que posso fazer que, se praticado regularmente, teria uma influência enorme e positiva em minha vida?

_____
_____
_____
_____
_____

Aqui estão algumas reflexões para ajudá-lo a definir algumas metas e pensar no que é mais importante para você.

Quais são as cinco coisas que me deixam indiscutivelmente feliz?

_____
_____
_____
_____
_____

Se eu tivesse R$10 mil, com o que gastaria, e por quê?

_____
_____
_____
_____
_____

Se eu pudesse almoçar com alguém, seria com
_____ porque...

_____
_____
_____
_____
_____

Se eu pudesse ter algum superpoder, seria
_____ porque...

_____
_____
_____
_____
_____

Onde me vejo daqui a cinco anos? E daqui a dez anos? Aos 80 anos?

_____
_____
_____

_____
_____

Considere uma meta na qual você venha trabalhando, ou escolha uma nova. Defina o resultado. O que seria considerado sucesso?

_____
_____
_____
_____

Em sua agenda, programe as atividades que precisa fazer para avançar em direção à sua meta.

Meta semanal

_____
_____
_____
_____

Três atitudes que tomarei para atingir minha meta

_____
_____
_____
_____
_____

Afirmação pessoal

_____
_____
_____
_____
_____

SEMANA 18

Use bem o seu tempo

"O segredo é não priorizar o que está na sua agenda, mas agendar suas prioridades."

— Stephen R. Covey

Esta semana em resumo

A **Matriz de Gerenciamento do Tempo** define as atividades com base na urgência e na importância.

	URGENTE	NÃO URGENTE
IMPORTANTE	I (GERENCIAMENTO) • Crises • Emergências médicas • Problemas urgentes • Projetos com prazos • Preparações de última hora para atividades agendadas QUADRANTE DA NECESSIDADE	II (FOCO) • Preparação/planejamento • Prevenção • Determinação de valores • Exercícios físicos • Desenvolvimento de relacionamentos • Lazer/relaxamento genuínos QUADRANTE DA QUALIDADE E DA LIDERANÇA PESSOAL
NÃO IMPORTANTE	III (EVITAR) • Interrupções/algumas ligações telefônicas • Alguns e-mails e relatórios • Algumas reuniões • Muitos assuntos "urgentes" • Muitas atividades populares QUADRANTE DO ENGANO	IV (EVITAR) • Banalidades e trabalho inútil • Lixo virtual • Algumas mensagens telefônicas/e-mail • Perda de tempo • Atividades escapistas • Assistir programas de TV irrelevantes QUADRANTE DO DESPERDÍCIO

Pergunte a si mesmo

Em qual dos quadrantes passo a maior parte do meu tempo? Quais são as consequências disso?

_____
_____
_____
_____
_____

No início de cada dia, use a Matriz de Gerenciamento de Tempo para estimar quantas horas passará em cada um dos quadrantes. Ao fim de cada dia, registre quantas horas passou efetivamente em cada um dos quadrantes.

	Quadrante I		Quadrante II		Quadrante III		Quadrante IV	
	Estimativa	Real	Estimativa	Real	Estimativa	Real	Estimativa	Real
Segunda-feira								
Terça-feira								
Quarta-feira								
Quinta-feira								
Sexta-feira								
Sábado								
Domingo								

No fim da semana, analise seus números. Está satisfeito com a forma como passou seu tempo? O que é preciso mudar?

_____
_____

_____
_____
_____

Meta semanal

_____
_____
_____
_____
_____

Três atitudes que tomarei para atingir minha meta

_____
_____
_____
_____
_____

Afirmação pessoal

_____
_____
_____
_____
_____

SEMANA 19

Prepare-se para o Quadrante I

"Muitos de nós gastamos tempo demais com o que é urgente e tempo de menos com o que é importante."

— Stephen R. Covey

Esta semana em resumo

	URGENTE	NÃO URGENTE
IMPORTANTE	I (GERENCIAMENTO) • Crises • Emergências médicas • Problemas urgentes • Projetos com prazos • Preparações de última hora para atividades agendadas	II (FOCO) • Preparação/planejamento • Prevenção • Determinação de valores • Exercícios físicos • Desenvolvimento de relacionamentos • Lazer/relaxamento genuínos
	QUADRANTE DA NECESSIDADE	QUADRANTE DA QUALIDADE E DA LIDERANÇA PESSOAL
NÃO IMPORTANTE	III (EVITAR) • Interrupções/algumas ligações telefônicas • Alguns e-mails e relatórios • Algumas reuniões • Muitos assuntos "urgentes" • Muitas atividades populares	IV (EVITAR) • Banalidades e trabalho inútil • Lixo virtual • Algumas mensagens telefônicas/e-mail • Perda de tempo • Atividades escapistas • Assistir programas de TV irrelevantes
	QUADRANTE DO ENGANO	QUADRANTE DO DESPERDÍCIO

○ **Quadrante I** é urgente e importante. Ele lida com as coisas que demandam atenção imediata. Todo mundo tem algumas atividades do QI na própria vida, mas algumas pessoas se deixam consumir por elas.

Pergunte a si mesmo

Quantas das minhas crises poderiam ser evitadas com a devida preparação?

_____
_____
_____
_____
_____

Escolha uma atividade urgente do QI que tenha vivenciado recentemente. Pense em maneiras de evitá-la ou preveni-la no futuro.

_____
_____
_____
_____
_____

Meta semanal

_____
_____
_____
_____

Três atitudes que tomarei para atingir minha meta

_____
_____
_____
_____

Afirmação pessoal

_____
_____
_____
_____

SEMANA 20

Viva no Quadrante II

"O mais importante é manter o mais importante como o mais importante."

— Stephen R. Covey

Esta semana em resumo

	URGENTE	NÃO URGENTE
IMPORTANTE	I (GERENCIAMENTO) • Crises • Emergências médicas • Problemas urgentes • Projetos com prazos • Preparações de última hora para atividades agendadas QUADRANTE DA NECESSIDADE	II (FOCO) • Preparação/planejamento • Prevenção • Determinação de valores • Exercícios físicos • Desenvolvimento de relacionamentos • Lazer/relaxamento genuínos QUADRANTE DA QUALIDADE E DA LIDERANÇA PESSOAL
NÃO IMPORTANTE	III (EVITAR) • Interrupções/algumas ligações telefônicas • Alguns e-mails e relatórios • Algumas reuniões • Muitos assuntos "urgentes" • Muitas atividades populares QUADRANTE DO ENGANO	IV (EVITAR) • Banalidades e trabalho inútil • Lixo virtual • Algumas mensagens telefônicas/e-mail • Perda de tempo • Atividades escapistas • Assistir programas de TV irrelevantes QUADRANTE DO DESPERDÍCIO

Quando você é altamente eficaz, passa a maior parte do tempo no **Quadrante II** se envolvendo em:

- Trabalho proativo
- Metas importantes
- Pensamento criativo
- Planejamento e preparação
- Desenvolvimento de relacionamentos
- Renovação e lazer

Pergunte a si mesmo

Qual atividade do QII tenho mais necessidade de implementar?

_____
_____
_____
_____
_____

Escolha uma atividade do QII que possa ter um impacto significativo em sua vida. Agende um horário para praticá-la esta semana.

MINHA SEMANA

SEGUNDA-FEIRA	TERÇA-FEIRA	QUARTA-FEIRA	QUINTA-FEIRA

SEXTA-FEIRA	SÁBADO	DOMINGO	ANOTAÇÕES

Meta semanal

_____
_____
_____
_____
_____

Três atitudes que tomarei para atingir minha meta

_____
_____
_____
_____
_____

Afirmação pessoal

_____
_____
_____
_____
_____

SEMANA 21

Planeje sua semana

"Se você me perguntasse qual a única prática que funcionaria mais do que qualquer outra para equilibrar a vida e aumentar a produtividade, seria esta: planeje sua semana (…) antes que ela comece."

— Stephen R. Covey

Esta semana em resumo

Pessoas eficazes levam tempo para planejar com antecedência cada uma das semanas. As metas, funções e atividades do QII são suas prioridades máximas — agende-as primeiro, e as de menor importância se encaixarão ao redor.

Pergunte a si mesmo

Qual é a coisa mais importante, ou as duas mais importantes, que posso fazer em cada um dos meus papéis esta semana?

_____
_____
_____
_____
_____

Encontre um lugar tranquilo e passe de vinte a trinta minutos fazendo o planejamento. Conecte-se com sua missão, suas funções e metas. Escolha uma ou duas prioridades máximas para cada um dos seus papéis e insira-as em sua agenda. Organize o restante de suas tarefas, compromissos e atividades em torno delas.

MINHA SEMANA

SEGUNDA-FEIRA	TERÇA-FEIRA	QUARTA-FEIRA	QUINTA-FEIRA

SEXTA-FEIRA	SÁBADO	DOMINGO	ANOTAÇÕES

7 coisas para fazer no domingo como preparação para uma semana produtiva

1. Faça uma revisão da semana anterior, decida o que precisa ser melhorado e defina as metas para a semana seguinte.
2. Faça um brainstoming e escreva uma lista básica de tarefas para a semana seguinte. Então, tendo em mente suas metas semanais, use a Matriz de Gerenciamento de Tempo para categorizar todas as tarefas. Preencha sua agenda e divida as tarefas maiores em partes menores.
3. Programe o uso de redes sociais para evitar distorções de tempo.
4. Planeje suas atividades físicas.
5. Verifique sua conta bancária, planeje as refeições. Onde/o que vai comer esta semana? Lembre-se de incluir em sua agenda o tempo de preparação das refeições.
6. Limpe e organize seu espaço. Livre-se de todas as tarefas básicas (por exemplo, dobrar e guardar a roupa limpa, organizar as gavetas e armários etc.). Separe as roupas de trabalho.
7. Não durma o dia todo, mas recarregue suas baterias pessoais. Concentre-se em coisas positivas, relaxe e escolha um horário razoável para ir se deitar.

Meta semanal

_____
_____
_____
_____
_____

Três atitudes que tomarei para atingir minha meta

_____
_____
_____
_____
_____

Afirmação pessoal

_____
_____
_____
_____
_____

SEMANA 22

Mantenha-se fiel no momento da escolha

"Use sua vontade independente e mantenha sua integridade para o que realmente importa."

— Stephen R. Covey

Esta semana em resumo

Preencha sua agenda para esta semana.

MINHA SEMANA

SEGUNDA-FEIRA	TERÇA-FEIRA	QUARTA-FEIRA	QUINTA-FEIRA

SEXTA-FEIRA	SÁBADO	DOMINGO	ANOTAÇÕES

Seu caráter se revela quando escolhe entre suas prioridades do QII e as pressões do momento. Você é eficaz quando alinha suas escolhas com sua missão, suas funções e suas metas.

Pergunte a si mesmo

O que me impede de me concentrar em minhas prioridades máximas? Como me sinto quando cedo às pressões e as abandono?

_____
_____
_____
_____

Pense em uma situação em que achou difícil se manter fiel à sua missão, papéis e metas durante um momento de escolha.

_____
_____
_____
_____

Descubra uma tática que poderia usar atualmente para alcançar as prioridades do QII.

Exemplo: *Para passar mais tempo no QII, direi "Não" (gentilmente) a tarefas que não são tão importantes assim, ou as delegarei sempre que possível. Por exemplo, ao colocar fones* de ouvido no trabalho (mesmo sem música), as pessoas ficarão menos inclinadas a me interromper por pequenas coisas. Outras táticas que usarei incluem...

_____
_____
_____
_____
_____

À medida que for passando cada vez mais tempo no Quadrante II, naturalmente seu Quadrante I diminuirá, por conta dos benefícios de mostrar-se mais bem preparado, proativo e devidamente descansado.

_____
_____
_____
_____
_____

Importante, mas não urgente

O Quadrante II é onde você deveria passar a maior parte do seu tempo — trata-se de planejamento e prevenção, novas oportunidades, aprimoramento de capacidades, e desenvolvimento de relacionamentos, entre outras coisas. As atividades do Quadrante II operam em prol do "panorama geral". Elas são essenciais para suas metas de longo prazo, sonhos e eficácia. Investir tempo nessas coisas importantes deveria levar a uma visão objetiva e a uma vida equilibrada, com cada vez menos situações de crise.

Exemplos de atividades do Quadrante II

- Passar tempo com seu/sua companheiro(a) "porque sim"
- Ler para os filhos
- Formar laços e fortalecer relacionamentos com amigos e familiares
- Ler, aprender e buscar qualificação ou o enriquecimento educativo
- Fazer refeições saudáveis e estabelecer um regime de exercícios físicos para evitar futuros problemas de saúde; fazer o exame de sangue anual; cuidar dos dentes
- Agendar manutenção preventiva da casa ou do carro
- Concentrar-se em atividades de autorrenovação que o inspirem e elevem
- Escrever um livro ou produzir obras de arte significativas
- Investir em sua previdência ou algum outro plano de aposentadoria
- Melhorar as habilidades de gerenciamento e desenvolver habilidades de oratória
- Trabalhar em um negócio paralelo (um negócio que, de acordo com as expectativas, possa vir a substituir seu emprego)

Meta semanal

_____
_____
_____
_____
_____

Três atitudes que tomarei para atingir minha meta

_____
_____
_____
_____
_____

Afirmação pessoal

_____
_____
_____
_____
_____

SEMANA 23

Elimine o que não for importante

"[Você] precisa decidir quais são suas prioridades máximas e ter a coragem — de maneira agradável, sem constrangimento — de dizer 'não' para outras coisas. E a maneira de fazer isso é com um grande 'sim' dentro de si mesmo."

— Stephen R. Covey

Esta semana em resumo

O Quadrante III e o Quadrante IV são **ladrões de tempo** — atividades que roubam seu tempo sem nada devolver em troca.

Ladrões de tempo

Tempo não programado gasto em redes sociais • Jogos e distrações on-line • Selfies • Sobrecarga de e-mails, lixo eletrônico e comunicações intermináveis • Exercícios físicos em excesso • TV, filmes e streaming • Maus hábitos de saúde • Deslocamento diário • Compras presenciais e on-line • Obsessões • Fazer múltiplas tarefas • Perfeccionismo • Reuniões desnecessárias, excessivas e de emergência, e rápidos encontros para "pôr a conversa em dia" • Espaços de trabalho barulhentos e colegas de trabalho que falam demais • Dizer "sim" • Adiar tarefas mais difíceis • Local de trabalho confuso e desarrumado • Procrastinação • Falta de motivação • Fadiga decisória • Tentar dar conta de tudo • Falta de delimitações de tempo • Não valorizar o próprio tempo • Medo • Indecisão • Falta de um sistema ou plano de ação • Falta de organização • Usar qualquer ferramenta de forma ineficaz • Fazer as coisas de forma ineficaz • Não delegar certas tarefas • Comparar-se com os outros • Querer agradar as pessoas • Repetir erros • Negligenciar o descanso • Aprendizado ineficaz • Apegar-se ao passado • Não ter uma meta • Mau planejamento • Mau gerenciamento de crise • Não seguir uma rotina • Fazer fofoca • Pausas não programadas • Ambiguidade • Mudanças de infraestrutura e de processo • Atividades para se precaver de problemas no futuro • Pensamentos negativos

Pergunte a si mesmo

Quanto tempo eu perco com ladrões de tempo?

Pense nisso

1. Faça uma lista de seus ladrões do tempo e distrações.

_____
_____
_____
_____
_____

2. Circule o item que você considera o maior culpado.
3. Faça algo hoje para eliminar ou limitar esse item.

VOCÊ SABIA?

Você pode permanecer focado:

- Programando o seu dia na noite anterior
- Finalizando a tarefa mais difícil primeiro
- Lembrando-se constantemente de sua meta principal

O QUE EU FIZ BEM ESTA SEMANA:

Criei uma agenda no Facebook

O QUE EU COMBATI:
_____
_____
_____

O QUE POSSO MELHORAR NA PRÓXIMA SEMANA:
_____
_____
_____

Meta semanal

_____
_____
_____
_____

Três atitudes que tomarei para atingir minha meta

_____
_____
_____
_____
_____

Afirmação pessoal

_____
_____
_____
_____
_____

DA VITÓRIA PARTICULAR À VITÓRIA PÚBLICA

SEMANA 24

Mantenha seus compromissos

"Faça uma pequena promessa a si mesmo e a mantenha; depois, faça outra, um pouco maior; depois, outra, maior ainda. No fim das contas, seu conceito de honra se tornará maior do que os seus estados de espírito."

— Stephen R. Covey

Esta semana em resumo

Preencha sua agenda para esta semana.

MINHA SEMANA

SEGUNDA-FEIRA	TERÇA-FEIRA	QUARTA-FEIRA	QUINTA-FEIRA

SEXTA-FEIRA	SÁBADO	DOMINGO	ANOTAÇÕES

A maioria das metas é desafiadora — caso contrário, já as teria alcançado! Você pode se sentir frustrado se adiar uma meta que realmente deseja alcançar.

Pergunte a si mesmo

Confio em mim para cumprir os compromissos que assumo comigo mesmo? Por quê? Ou por que não?

___
___
___
___
___

7 maneiras de manter compromissos pessoais

1. Aproprie-se. Não trate cada um dos compromissos como um "talvez". Uma boa dica é anotá-los, colocá-los em seu planejamento semanal, e transformá-los em realidade. Torne-os visíveis — a visibilidade leva à ação.
2. Faça um gráfico das ações diárias que você precisa realizar. Mais importante ainda, defina a linha de chegada. Qual o aspecto que ela assume?
3. Seja específico, e seja realista. Com o que você pode, realmente, se comprometer? Certifique-se de que não está se comprometendo demais.
4. Tome medidas de curto prazo. Faça alguma coisa, mesmo que seja pequena.
5. Monitore seu progresso mantendo um diário. E você já está fazendo isso, bem aqui.

6. Encontre apoio e recursos. Comprometa-se com a amabilidade consigo mesmo — não alimente diálogos internos negativos.
7. Comemore cada pequena vitória!

Pense em uma meta importante na qual ainda não fez progressos. Escreva-a aqui:

_____
_____
_____
_____
_____

Agora, assuma um compromisso consigo mesmo: *Hoje, [DATA], estou me comprometendo comigo mesmo. Minha meta é [inserir meta]. Vou manter o foco nessa meta. Todos os dias, darei um passo — grande ou pequeno — para atingir minha meta. Serei perseverante, mesmo quando minha meta parecer fora de alcance. Eu não vou desistir.*

Agora escreva outras metas de sua preferência:

_____
_____
_____
_____
_____

Pense na menor ação possível que você poderia tomar para alcançar essa meta.

_____
_____

_____
_____
_____

Meta semanal

_____
_____
_____
_____

Três atitudes que tomarei para atingir minha meta

_____
_____
_____
_____

Afirmação pessoal

_____
_____
_____
_____

SEMANA 25

Crie sua Conta Bancária Emocional

"Nos relacionamentos, as coisas pequenas são as grandes coisas."

— Stephen R. Covey

Esta semana em resumo

A **Conta Bancária Emocional** simboliza a quantidade de confiança que existe em um relacionamento. Os depósitos desenvolvem e restauram a confiança, enquanto as retiradas a enfraquecem.

RETIRADA	DEPÓSITO
• Quebrar promessas	• Manter promessas
• Indelicadeza, descortesia	• Gentilezas, cortesias
• Romper as expectativas	• Reforçar as expectativas
• Deslealdade para com os ausentes (por exemplo, fofocas, boatos)	• Lealdade para com os ausentes (por exemplo, transparência)
• Orgulho, vaidade, arrogância	• Reconhecimento e humildade
• Defensividade	• Pedir desculpas com sinceridade
• Delegar culpa	• Estar aberto ao feedback

Pergunte a si mesmo

Eu sei quais ações são consideradas retiradas e depósitos para as pessoas importantes da minha vida?

Identifique três relacionamentos importantes que podem estar descompensados, ou simplesmente abandonados. Liste três depósitos que você poderia fazer. Certifique-se de saber o que cada uma dessas pessoas entende por depósito. Liste três retiradas que você precisa evitar.

RELACIONAMENTOS IMPORTANTES	DEPÓSITOS	RETIRADAS
Nº 1		
Nº 2		
Nº 3		

Volte a esta seção regularmente enquanto cuida dos seus diversos relacionamentos.

Escolha um dos relacionamentos em que, em seu entender, o saldo de sua Conta Bancária Emocional esteja baixo, ou, até mesmo, negativo.

Nome da pessoa que você escolheu: _____

Conscientemente, faça depósitos nessa conta pelos próximos 14 dias. Em que sentido o relacionamento mudou?

_____
_____
_____
_____
_____

Antes de qualquer coisa, o que causou a redução do saldo?

_____
_____
_____
_____
_____

Que medidas você pode tomar no futuro para garantir um saldo mais positivo e, consequentemente, um relacionamento mais sólido?

_____
_____
_____
_____
_____

Meta semanal

_____
_____
_____
_____
_____

Três atitudes que tomarei para atingir minha meta

_____
_____
_____
_____
_____

Afirmação pessoal

_____
_____
_____
_____
_____

SEMANA 26

Peça desculpas quando necessário

"Para recuperarmos relações rompidas, temos de, em primeiro lugar, ouvir nosso coração para descobrir nossas responsabilidades, nossas falhas."

— Stephen R. Covey

Esta semana em resumo

Pedir desculpas quando você cometeu um erro, ou quando feriu alguém, pode restaurar rapidamente uma Conta Bancária Emocional com saldo negativo. É preciso coragem, mas pode ser feito.

Como se desculpar

1. Escolha o momento certo.
2. Peça perdão. Muitas pessoas se esquecem de dizer "Me desculpe" e simplesmente acreditam que isso esteja subentendido ao dizer coisas como "Eu entendo" ou "Não vou fazer isso de novo". Seja honesto e autêntico — um pedido de desculpas sincero é direto e profundo. Algumas expressões de arrependimento incluem: "Desculpe, gostaria de ter sido mais cuidadoso", "Desculpe, gostaria de ter pensado em seus sentimentos também" e "Desculpe, gostaria de poder retirar o que eu disse". Mostre arrependimento por suas ações. Não pense em um pedido de desculpas como uma situação de ganhar ou perder, e peça desculpas pelos motivos justos, não para manipular o outro.
3. Expresse explicitamente o motivo pelo qual você está se desculpando e assuma o erro, reconhecendo o prejuízo emocional que suas ações causaram. Diga: "Sinto muito por ter magoado você." Não diga: "Desculpe *se* eu o magoei." O *se* deixa subentendido que os sentimentos de mágoa foram uma reação aleatória por parte da outra pessoa, e que você não está assumindo a responsabilidade pela mágoa.

Nunca diga: "Desculpe, *mas...*". Não use a palavra *mas*! Quando você minimiza suas ações prejudiciais, envia uma mensagem de que os efeitos de seu comportamento sobre os outros não são importantes para você. Não amenize. Não tente justificar suas ações (por exemplo, "Sinto muito, mas eu estava de mau humor"). Oferecer uma explicação para suas ações, mesmo que seja de forma bem-intencionada, pode ser percebido como uma desculpa. Fique atento a qualquer frase passivo-agressiva em seu pedido de desculpas. Não culpe os outros (por exemplo, "Sinto muito, mas você me deixou tão bravo"). O pedido de desculpas deveria valer por si mesmo. Assuma a responsabilidade pela situação e demonstre empatia pela pessoa que você prejudicou. Dessa forma, você vai restaurar a dignidade da pessoa que magoou.

4. Seja razoável em seu pedido de desculpas, tanto com a outra pessoa quanto consigo mesmo. Não assuma toda a culpa se não tiver sido tudo culpa sua. Reafirme os limites, discutindo o que é permitido e o que não é permitido em seu relacionamento, e manifeste o desejo de mudar seu comportamento. Prometa que não vai acontecer de novo, mas evite promessas vãs. Em vez de fazer isso, defina um plano. Se não tiver certeza do melhor caminho a seguir, pergunte à outra pessoa o que você pode fazer para amenizar os sentimentos dela. Em seguida, faça as reparações/restituições. Tome atitudes para corrigir a situação.

5. Não espere o perdão imediato. Esteja pronto para oferecer o tempo que a pessoa julgar necessário. Faça contato com ela de vez em quando. Perceba que você não é capaz de controlar a resposta do outro e, se já tiver feito tudo o que podia, esqueça o assunto (por enquanto).

Pergunte a si mesmo

A quem eu devo pedir desculpas?

_____
_____
_____
_____
_____

Peça desculpa a alguém que você prejudicou. Descubra o que pode fazer para reparar o dano.

_____
_____
_____
_____
_____

Meta semanal

_____
_____
_____
_____

Três atitudes que tomarei para atingir minha meta

_____
_____
_____
_____

Afirmação pessoal

_____
_____
_____
_____

SEMANA 27

Aprenda a perdoar

"Sempre que pensarmos que o problema está *lá fora*, esse mesmo pensamento é o problema."

— Stephen R. Covey

Esta semana em resumo

Todo mundo já se sentiu magoado em algum momento pelas palavras ou ações impensadas de outra pessoa. É importante pedir desculpas quando fizer algo errado, mas é igualmente importante aprender a perdoar os outros.

Pergunte a si mesmo

Estou carregando o peso das palavras ou ações de outra pessoa?

_____
_____
_____
_____
_____

Lembre-se:

1. O perdão não significa esquecimento. Não significa reconciliação nem justificativa, tampouco que você, de alguma forma, se sente bem com o que aconteceu. O ato de perdoar mostra que você reconhece que é incapaz de mudar o passado, e que está optando por seguir em frente.
2. O perdão é uma decisão. Talvez você não se sinta em paz (é normal!), mas está fazendo uma escolha consciente de mostrar compaixão pela outra pessoa. É um compromisso, e só você pode escolher quando considera correto perdoar.

3. O perdão é uma atitude, não uma decisão isolada. Talvez você precise continuar perdoando enquanto lida com os desdobramentos do que aconteceu.
4. O perdão só é possível quando se compreende a extensão do desrespeito que foi cometido contra você. Converse com alguém de sua confiança; uma perspectiva diferente pode ajudar a lançar uma nova luz sobre o(s) acontecimento(s) ou situação(ões). Anote seus pensamentos e emoções; talvez eles se tornem mais nítidos quando estiverem no papel. Converse com um conselheiro ou terapeuta se sua experiência for particularmente difícil ou complicada.
5. O perdão é um presente para si mesmo. Quando disser a si mesmo: "Estou escolhendo me desapegar dessa dor", você entenderá o poder do perdão e se permitirá viver plenamente.

"Quando nos desapegamos, tudo se realiza. O mundo é conquistado por aqueles que desapegam. Não quando tentamos repetidamente. O mundo está além de qualquer vitória."

— **Lao Tsé, filósofo e escritor chinês**

"Se você se desapegar um pouco, terá um pouco de paz. Se se desapegar muito, terá muita paz. Se se desapegar completamente, terá a paz e a liberdade completas."

— **Ajahn Chah, monge budista tailandês**

"[A] pergunta de repente lhe ocorreu: 'E se toda minha vida tiver sido errada?'"

— Trecho de A morte de Ivan Ilitch, **de Leon Tolstói, escritor russo**

Quase todas as pessoas fazem o melhor possível com aquilo que sabem, com a posição em que estão e com aquilo que têm. Se você se sentiu magoado e isso ainda o incomoda, perceba que a pessoa que o prejudicou tem tantas fraquezas quanto você. Perdoe-a.

No espaço abaixo, escreva uma carta de perdão a alguém que o magoou ou prejudicou. Você não precisa enviar a carta, mas o simples gesto de colocar suas emoções no papel vai lhe conferir um espaço fora de você e do seu corpo. Valide suas emoções dando-lhes vida.

_____
_____
_____
_____
_____
_____
_____
_____
_____
_____
_____

Meta semanal

_____
_____
_____
_____
_____

Três atitudes que tomarei para atingir minha meta

_____
_____
_____
_____
_____

Afirmação pessoal

_____
_____
_____
_____

Hábito 4

PENSE GANHA/GANHA

SEMANA 28

Leve em consideração as vitórias dos outros, assim como as suas

"O Ganha/Ganha é um estado de espírito e de afeto, que busca constantemente o benefício mútuo em todas as interações humanas. [...] O Ganha/Ganha vê a vida como uma cooperativa, não como um local de competição."

— Stephen R. Covey

Esta semana em resumo

Quando você é altamente eficaz, valoriza as vitórias de outras pessoas tanto quanto as suas. É preciso tempo para identificar as próprias vitórias e as alheias.

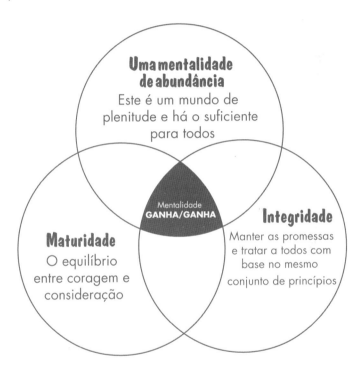

Ganha/Ganha é uma atitude em relação à vida, um estado de espírito mental que afirma: "Eu posso ganhar e você também." Não tem a ver comigo ou com você, tem a ver com nós dois. Começa com a crença de que todos são iguais, de que ninguém é inferior ou superior, e de que ninguém precisa ser o vencedor. A vida não é só competição, tal como acontece, eventualmente, nos negócios, nos esportes e/ou na escola.

Pergunte a si mesmo

Em quais relacionamentos tenho menos probabilidade de pensar Ganha/Ganha? Que benefícios seriam produzidos se eu levasse em consideração as vitórias de outra pessoa?

_____
_____
_____
_____
_____

Identifique duas áreas de sua vida nas quais você tenha mais dificuldade na hora de estabelecer comparações. Talvez seja com o vestuário, características físicas, amigos, bens, títulos, remuneração, ou habilidades.

_____
_____
_____
_____
_____

Explique por que você sente a necessidade de se comparar, e o que poderia fazer para minimizar essa necessidade.

_____
_____
_____

PENSE GANHA-GANHA	
Ganha/Perde Eu pego o controle remoto e não sobra nada para você. Não há o suficiente para nós dois.	**Perde/Perde** Discutimos e eu jogo o controle remoto contra a parede. Se eu cair, você cai comigo.
Perde/Ganha Você pega o controle remoto e não sobra nada para mim. Se você ganhar, eu serei o perdedor.	**Ganha/Perde** Você e eu decidimos juntos desligar a TV e jogar cartas. Não é sobre você ou sobre mim, é sobre nós dois.

Reflita sobre sua atitude geral em relação à vida. Ela está baseada em Ganha/Perde, Perde/Ganha, Perde/Perde ou Ganha/Ganha? Como essa atitude está afetando você, sua vida e sua felicidade?

_____
_____
_____
_____

Você está em um relacionamento Perde/Ganha com alguém? Se estiver, descreva o que pode fazer para tornar esse relacionamento vantajoso para ambas as partes. Se isso não acontecer, vale a pena manter o relacionamento?

_____
_____
_____

_____
_____

Se, no momento, você estiver em um relacionamento Perde/Ganha, que escolhas podem ser feitas para evitar essa situação? Que medidas pode tomar para evitar um relacionamento Perde/Ganha no futuro?

_____
_____
_____
_____
_____

"A longo prazo, se não resultar em uma vitória para os dois lados, ambos perdem. É por isso que a abordagem Ganha/Ganha é a única alternativa real em realidades interdependentes."

— Stephen R. Covey

Alta coragem e alta consideração são essenciais para a abordagem Ganha/Ganha. O equilíbrio das duas é a marca da verdadeira maturidade.

Escolha um relacionamento importante que possa se beneficiar do pensamento Ganha/Ganha. Anote as próprias vitórias e as do outro. Não sabe o que essa pessoa entende por vitória? Pergunte a ela!

_____
_____
_____
_____
_____

Meta semanal

_____
_____
_____
_____

Três atitudes que tomarei para atingir minha meta

_____
_____
_____
_____
_____

Afirmação pessoal

_____
_____
_____
_____
_____

SEMANA 29

Evite a Mentalidade de Escassez

"Muitas pessoas vivem segundo o roteiro da (...) Mentalidade de Escassez. Elas encaram a vida como uma fonte limitada, como se houvesse apenas uma torta disponível. E se alguém pegar um pedaço grande da torta, todos os outros comerão menos."

— Stephen R. Covey

Esta semana em resumo

Uma **Mentalidade de Escassez** faz você se comparar, competir e se sentir ameaçado pelos outros, em vez de trabalhar *com* os outros para obter as grandes vitórias.

Os sinais de uma Mentalidade de Escassez podem incluir acreditar que uma situação é permanente (por exemplo, "Vou ter de continuar sem isso"); usar pensamentos e palavras de escassez (por exemplo, "Não tenho dinheiro suficiente" ou "Não consigo fazer isso"); ter inveja dos outros e ter dificuldade em mostrar felicidade por seu sucesso (por exemplo, "Não acho que eles sejam tão bons assim"); não ser generoso ou considerar difícil compartilhar crédito, reconhecimento, poder e resultados (por exemplo, "Eles podem encontrar o próprio caminho, assim como eu fiz"); e ser excessivamente indulgente. Com uma Mentalidade de Escassez, você também pode ter dificuldade em trabalhar em equipe, pois as diferenças de opinião são percebidas como deslealdade.

Mentalidade de Escassez	Mentalidade de Abundância
"Há muita concorrência."	"Há mais do que o suficiente para todos."
"Não há dinheiro suficiente."	"Minhas necessidades estão sendo atendidas."
"A economia está indo mal."	"A cada desafio surge uma oportunidade."
"Não é uma coisa estável (o empreendedorismo)."	"A estabilidade está dentro de mim, não nas minhas circunstâncias externas."
"Eu deveria estar ganhando tanto quanto eles."	"Estou trilhando meu caminho para o sucesso."
"Eu vou fracassar."	"Vou encontrar as pessoas certas para ajudar meu negócio a atravessar estes tempos difíceis."

Pergunte a si mesmo

Onde o Mentalidade de Escassez vem atrapalhando meus melhores resultados?

_____
_____
_____
_____
_____

Liste as áreas de sua vida nas quais você usa uma Mentalidade de Escassez (ou seja, nas quais você acha que não há amor, dinheiro, atenção ou recursos suficientes para todos).

_____
_____
_____
_____
_____

Reflita sobre a possível origem dessa Mentalidade de Escassez.

_____
_____
_____
_____
_____

Meta semanal

_____
_____
_____
_____

Três atitudes que tomarei para atingir minha meta

_____
_____
_____
_____
_____

Afirmação pessoal

_____
_____
_____
_____
_____

SEMANA 30

Tenha uma Mentalidade de Abundância

"A Mentalidade de Abundância (…) deriva de um senso profundo de valor e segurança pessoais. Seu paradigma indica que existe bastante para ser repartido entre todos."

— Stephen R. Covey

Esta semana em resumo

Quando você tem uma **Mentalidade de Abundância**, não se sente ameaçado pelo sucesso alheio, pois está seguro com sua autoestima.

Alguém com uma Mentalidade de Abundância...	Alguém com uma Mentalidade de Escassez...
Pensa grande ("Se eu tiver sucesso e você tiver sucesso, todos nós teremos sucesso.")	Pensa pequeno ("Preciso ter boa aparência se quiser ter sucesso.")
Percebe a abundância ("Há mais do que o suficiente para todos.")	Percebe a escassez ("Não há o suficiente para todos.")
Experimenta a felicidade	Experimenta o ressentimento
Abraça a mudança	Teme a mudança
É proativo ("Posso me dar ao luxo de fazer [isto] em vez de [aquilo].")	É reativo ("Não posso me dar ao luxo de fazer [X].")
Está sempre aprendendo	Acha que sabe tudo
Concentra-se no que está funcionando	Concentra-se no que não está funcionando
Está aberto a colaborar e compartilhar o que for necessário	Reluta em contribuir e compartilhar informações, recursos e tempo
Promove os outros e suas conquistas	Promove apenas a si mesmo e as próprias realizações
Está aberto e mostra-se confiante	Dá ordens e microgerencia

Pergunte a si mesmo

Eu realmente acredito que há mais do que o suficiente para todos?

_____
_____
_____
_____
_____

Descreva o que você poderia fazer para aprimorar a Mentalidade de Abundância, celebrando os próprios pontos fortes e os dos outros, interrompendo comparações e compartilhando recursos.

_____
_____
_____
_____
_____

A lista de verificação da Mentalidade de Abundância

- ☐ Torne-se consciente de seus pensamentos e observe o que você diz.

- ☐ Reconheça as possibilidades ilimitadas ao redor. Essa fonte é sempre inesgotável. Acredite que o melhor ainda está por vir. Concentre-se no crescimento e seja otimista em relação ao futuro.

- ☐ Pratique a gratidão e seja generoso. Pergunte a si mesmo: "Como posso dar mais do que o esperado? Como posso servir aos outros?"

- ☐ Cultive e compartilhe suas paixões, propósito e conhecimento. Ofereça-se gratuitamente para ajudar os outros e energizá-los.
- ☐ Mostre-se confiante, de mente aberta, flexível e disposto a aprender.
- ☐ Pense grande e aceite os riscos.
- ☐ Celebre/reconheça as outras pessoas.

Meta semanal

_____
_____
_____
_____
_____

Três atitudes que tomarei para atingir minha meta

_____
_____
_____
_____
_____

Afirmação pessoal

_____
_____
_____
_____
_____

SEMANA 31

Equilibre coragem e consideração

"Se as pessoas têm a habilidade de expressar [seus] sentimentos e convicções com um equilíbrio entre coragem e consideração pelos sentimentos e convicções das outras pessoas, [elas são] maduras, principalmente se o assunto for muito importante para ambas as partes."

— Stephen R. Covey

Esta semana em resumo

Ser altamente eficaz significa ser corajoso, mostrar-se disposto e capaz de expressar respeitosamente seus pensamentos. Também significa ser atencioso, e mostrar-se disposto e capaz de identificar e ouvir respeitosamente os pensamentos e sentimentos dos outros.

	GANHA/PERDE	GANHA/GANHA
	PERDE/PERDE	PERDE/GANHA

POUCA **CORAGEM** MUITA

POUCA **CONSIDERAÇÃO** MUITA

Pergunte a si mesmo

Há relacionamentos nos quais me falta coragem ou consideração? Que preço estou pagando por isso?

_____
_____
_____
_____
_____

Escolha um problema que gostaria de enfrentar com mais coragem. Anote seu ponto de vista. Com confiança, compartilhe suas ideias e opiniões abaixo.

_____
_____
_____
_____
_____

Aprenda a se posicionar

- Seja muito objetivo sobre o que quer dizer.
- Defina por que sua voz é importante. Lembre-se: há uma razão pela qual você está aqui.
- Anote o ponto que deseja comunicar.
- Visualize a conversa primeiro, depois pratique com alguém em quem confia, usando afirmações do tipo "Eu acho" e "É por isso que".

- Desenvolva suas habilidades em ambientes de baixo risco. Isso o ajudará a desenvolver confiança e credibilidade.

- Faça uma pausa e respire para manter a calma.

- Concentre-se nos fatos, não nas emoções, e preste atenção às suas linguagens corporal e verbal.

- Defenda os outros.

- Aguarde a oportunidade apropriada.

Escolha uma situação em que precise demonstrar mais consideração. Concentre-se não em interromper, mas em reconhecer os outros e garantir que todos tenham a chance de ser ouvidos.

_____
_____
_____
_____
_____

Meta semanal

_____
_____
_____
_____
_____

Três atitudes que tomarei para atingir minha meta

_____
_____
_____
_____
_____

Afirmação pessoal

_____
_____
_____
_____
_____

SEMANA 32

Crie Acordos Ganha/Ganha

"Um acordo significa muito pouco sem o caráter e a base de relacionamento para sustentá-lo em espírito. Sendo assim, precisamos adotar o Ganha/Ganha com um desejo sincero de investir nos relacionamentos que o tornam possível."

— Stephen R. Covey

Esta semana em resumo

Em um **Acordo Ganha/Ganha**, as pessoas se comprometem a trabalhar para beneficiar ambas as partes. Esses acordos podem ser formais ou informais, e podem ser firmados em qualquer relacionamento ou circunstância.

Pergunte a si mesmo

Qual é minha intenção quando negocio com os outros? Estou empenhado em pensar Ganha/Ganha?

_____
_____
_____
_____

5 elementos de um Acordo Ganha/Ganha

1. **Resultados desejados:** O que vocês dois querem? Mantenha-se firme nos valores e flexível nas pequenas coisas.
2. **Diretrizes:** Que regras serão estabelecidas? Como você saberá quando cada pessoa cumpriu a parte que foi acordada?
3. **Recursos:** Existem recursos disponíveis para vocês dois, para que ambos possam ter sucesso? O que você pode fazer quando tiver problemas ou precisar de apoio?

4. **Prestação de contas:** Qual é o cronograma, e quem vai verificar os resultados?
5. **Consequências:** O que acontece (de bom ou de ruim) como resultado da verificação?

Escolha um relacionamento que poderia se beneficiar de um Acordo Ganha/Ganha. Anote o que você acha que seriam vitórias para essa pessoa, ou pergunte a ela. Anote as suas. Faça um Acordo Ganha/Ganha.

_____
_____
_____
_____
_____

Meta semanal

_____
_____
_____
_____

Três atitudes que tomarei para atingir minha meta

_____
_____
_____
_____

Afirmação pessoal

_____
_____
_____
_____

SEMANA 33

Dê crédito

"*É impressionante* o que podemos realizar quando não damos importância a quem vai ficar com o crédito."

— Harry S. Truman,
33º presidente dos Estados Unidos

Esta semana em resumo

Para muitas pessoas, o reconhecimento público ou privado é uma grande vitória. Você pode desenvolver confiança e fortalecer seus relacionamentos quando compartilha generosamente o crédito.

Pergunte a si mesmo

Quem me ajudou recentemente a realizar algo? Já agradeci essa(s) pessoa(s)?

_____
_____
_____
_____
_____

Identifique alguém que mereça crédito por algo que fez ou por algo que o ajudou a realizar. Reconheça privada ou publicamente a contribuição dessa pessoa.

_____
_____
_____
_____
_____

A carta de gratidão

A carta de gratidão é um exercício poderoso para agradecer e mostrar apreço pelos outros. Escreva uma carta para alguém que é muito importante para você — alguém que o inspirou ou que atualmente o inspira a ser a melhor versão de si mesmo —, mas a quem você ainda não se deu ao trabalho de agradecer. Pode ser um professor, mentor, pai, avô, amigo, um colega de trabalho — alguém que o ajudou, que o inspira, que lhe foi gentil ou generoso, ou alguém em quem pode confiar. Em suma, essa pessoa é alguém a quem você agradece genuinamente por tê-la em sua vida.

Você não precisa escrever um romance (a menos que queira, um dia), mas deveria especificar o que essa pessoa fez por você e como ela tornou sua vida melhor. Se ela tiver sido um modelo, aponte as qualidades que aprecia nela. Explique-lhe o que o faz se sentir tão grato. Pode optar por escrever a carta à mão (se achar que é mais pessoal) ou digitá-la, e depois colocá-la no correio, entregá-la em mãos, ou enviá-la por e-mail. Não importa como venha a fazer isso, o importante é deixar que as pessoas que o encorajam saibam que você valoriza a diferença que elas fizeram em sua vida.

Sua carta de gratidão

Meta semanal

_____
_____
_____
_____

Três atitudes que tomarei para atingir minha meta

_____
_____
_____
_____

Afirmação pessoal

_____
_____
_____
_____

Hábito 5

PROCURE PRIMEIRO COMPREENDER, DEPOIS SER COMPREENDIDO

SEMANA 34

Pratique a escuta empática

"Ao lado da sobrevivência física, a mais essencial de todas as necessidades humanas é a sobrevivência psicológica — ser compreendido, se afirmar, receber incentivo, ser amado."

— Stephen R. Covey

Esta semana em resumo

Escutar com empatia significa chegar ao âmago do que importa para a outra pessoa, quer você concorde ou não. Ao escutar com empatia, você ouve com a intenção de *compreender*. Você responde espelhando os sentimentos e as palavras.

A **escuta empática** entra no quadro de referências de outra pessoa. Você olha através desse quadro e enxerga o mundo da mesma forma que ela, entendendo seus paradigmas e sentimentos. A essência da escuta empática não é concordar com alguém; é compreendê-la plena e profundamente, tanto emocional quanto intelectualmente. Você se concentra em acolher a profunda comunicação de outra alma humana.

A escuta empática é, em si e por si só, um imenso depósito na Conta Bancária Emocional. É profundamente terapêutica e curativa, pois dá à pessoa um ar psicológico — uma necessidade humana que perde apenas para a sobrevivência física. Essa necessidade de ar psicológico afeta a comunicação em todas as áreas da vida. Depois de satisfazer essa necessidade vital, você pode se concentrar na influência a ser exercida ou na resolução de problemas.

Pergunte a si mesmo

As pessoas ao meu redor sentem que eu realmente as entendo? Já perguntei se elas se sentem compreendidas por mim?

_____

_____

_____

_____

_____

Esta semana, pratique a escuta com a finalidade de compreender. Tente espelhar os sentimentos dos outros e o conteúdo de suas mensagens. Verifique-se quando estiver a ponto de interromper, dar conselhos ou julgar.

Hoje é...	Vou praticar a escuta empática com... (escreva um nome)	Abaixo está um sinal de confirmação para mostrar que fui bem-sucedido
Segunda-feira		
Terça-feira		
Quarta-feira		
Quinta-feira		
Sexta-feira		
Sábado		
Domingo		

Meta semanal

_____
_____
_____
_____
_____

Três atitudes que tomarei para atingir minha meta

_____
_____
_____
_____
_____

Afirmação pessoal

_____
_____
_____
_____
_____

SEMANA 35

Abra seu coração

"Quando você realmente escuta uma pessoa do ponto de vista dela, e reflete essa compreensão, é como se estivesse lhe dando oxigênio emocional."

— Stephen R. Covey

Esta semana em resumo

Quando as emoções estiverem à flor da pele, concentre-se em sua intenção. Não se preocupe com a resposta correta. A escuta empática requer uma vida inteira de prática.

Pergunte a si mesmo

Estou realmente ouvindo aqueles que amo?

_____
_____
_____
_____
_____

Esta semana, novamente, pratique a escuta com a finalidade de compreender. Identifique alguém que, muitas vezes, você ignora ou não ouve com atenção, e simplesmente pergunte: "Como estãos as coisas?" Abra seu coração e pratique a escuta empática. Você ficará surpreso com o que vai aprender

Segunda-feira

Hoje, pratiquei a escuta empática com _____

Isto foi o que eu aprendi:

_____
_____
_____
_____
_____

Terça-feira

Hoje, pratiquei a escuta empática com _____

Isto foi o que eu aprendi:

_____
_____
_____
_____
_____

Quarta-feira

Hoje, pratiquei a escuta empática com _____

Isto foi o que eu aprendi:

_____
_____
_____

_____
_____

Quinta-feira

Hoje, pratiquei a escuta empática com _____

Isto foi o que eu aprendi:

_____
_____
_____
_____
_____

Sexta-feira

Hoje, pratiquei a escuta empática com _____

Isto foi o que eu aprendi:

_____
_____
_____
_____
_____

Sábado

Hoje, pratiquei a escuta empática com _____

Isto foi o que eu aprendi:

_____
_____
_____
_____
_____

Domingo

Hoje, pratiquei a escuta empática com _____

Isto foi o que eu aprendi:

_____
_____
_____
_____
_____

Meta semanal

_____
_____
_____
_____
_____

Três atitudes que tomarei para atingir minha meta

_____
_____
_____
_____
_____

Afirmação pessoal

_____
_____
_____
_____
_____

**SEMANA
36**

Evite a escuta autobiográfica

"Escute, ou sua língua o deixará surdo."

— Provérbio nativo-americano

Esta semana em resumo

A **escuta autobiográfica** é usar a própria história como filtro para o que os outros estão dizendo. Em vez de se concentrar no orador, você fica esperando para inserir sua perspectiva naquela história.

Com a **escuta empática**, em vez de projetar a própria autobiografia e pressupor pensamentos, sentimentos, motivos e interpretações, você está lidando com a realidade que existe dentro da cabeça e do coração da outra pessoa. Está escutando com a finalidade de compreender.

Pergunte a si mesmo

Estou disposto a praticar a escuta empática? Estou disposto a suspender meu ego e ouvir apenas com a intenção de realmente compreender? Consigo escutar sem formar imediatamente uma resposta em minha mente?

_____
_____
_____
_____
_____

Pense em uma ocasião em que alguém o ouviu com compreensão e respeito. Como você se sentiu?

_____
_____
_____
_____

Esta semana, continue praticando a escuta com a finalidade de compreender.

Segunda-feira

Hoje, pratiquei a escuta empática com _____

Isto foi o que eu aprendi:

_____
_____
_____
_____

Terça-feira

Hoje, pratiquei a escuta empática com _____

Isto foi o que eu aprendi:

_____
_____

_____
_____
_____

Quarta-feira

Hoje, pratiquei a escuta empática com _____

Isto foi o que eu aprendi:

_____
_____
_____
_____
_____

Quinta-feira

Hoje, pratiquei a escuta empática com _____

Isto foi o que eu aprendi:

_____
_____
_____
_____
_____

Sexta-feira

Hoje, pratiquei a escuta empática com _____

Isto foi o que eu aprendi:

_____
_____
_____
_____

Sábado

Hoje, pratiquei a escuta empática com _____

Isto foi o que eu aprendi:

_____
_____
_____
_____

Domingo

Hoje, pratiquei a escuta empática com _____

Isto foi o que eu aprendi:

_____
_____
_____
_____

Meta semanal

_____
_____
_____
_____
_____

Três atitudes que tomarei para atingir minha meta

_____
_____
_____
_____
_____

Afirmação pessoal

_____
_____
_____
_____
_____

SEMANA 37

Respeitosamente, procure ser compreendido

"Quando você consegue expor suas ideias com objetividade, (...) dentro de um contexto de profunda compreensão dos paradigmas e preocupações [dos outros], aumenta significativamente a credibilidade de suas ideias."

— Stephen R. Covey

Esta semana em resumo

Procurar ser compreendido é a segunda parte da comunicação eficaz. Uma vez que você esteja confiante de que os outros se sentem compreendidos, pode compartilhar seu ponto de vista com respeito e objetividade, e esperar se sentir igualmente compreendido.

Pergunte a si mesmo

Eu me expresso de maneira que demonstre ter compreendido ao outro? Estou compartilhando nitidamente meu ponto de vista?

_____
_____
_____
_____

Pense em uma apresentação futura ou em uma mensagem persuasiva que você precisa transmitir, ou em uma conversa difícil que precisa acontecer. Escreva sobre isso a seguir.

_____
_____
_____
_____

Visualize aqueles que estarão escutando/interagindo com você. Como vai se certificar, antes de qualquer coisa, de ter compreendido o ponto de vista deles?

_____
_____
_____
_____

Antes da apresentação ou da conversa, pratique a expressão oral na frente de um espelho, do cachorro, ou das pessoas dentro do ônibus. Grave-se falando e reproduza a gravação. Teste-se, tentando explicar seu conceito em menos de cinco minutos. Como foi essa experiência?

_____
_____
_____
_____

Em seguida, pratique a transmissão de sua mensagem a alguém em quem confia. Peça a opinião dessa pessoa e escreva-a abaixo.

_____
_____
_____
_____

Finalmente, apresente sua posição ao público-alvo com coragem e consideração por seus pontos de vista. Como foi? Seja honesto consigo mesmo.

_____
_____
_____
_____
_____

A lista de verificação da objetividade

- ☐ **Saiba "o porquê".** Antes de iniciar qualquer comunicação, pergunte a si mesmo: "O que estou tentando alcançar?" Da mesma forma, a pessoa a quem você está se dirigindo pode estar se perguntando: "Por que essa conversa está acontecendo?" Se a resposta não for óbvia, oriente o diálogo para o "porquê".

- ☐ **Saiba "o quê".** Certa vez, Albert Einstein disse a famosa frase: "Se você não consegue explicar algo de modo simples, é porque não entendeu bem o assunto". Qual é o ponto que você está tentando comunicar? Lembre-se de fundamentar seus pensamentos em fatos.

- ☐ **Saiba "o que não mencionar".** Evite detalhes supérfluos. Algumas coisas simplesmente não são tão importantes quanto possam parecer inicialmente, quando você está transmitindo informações sobre um novo tópico. Esses pequenos detalhes podem desviar o foco do argumento que está tentando defender.

- ☐ **Avalie o engajamento e o interesse.** Certifique-se de que as pessoas com quem está falando estejam realmente engajadas e interessadas no que você tem a dizer — é a única maneira de sua mensagem ser absorvida e retida.

Certifique-se de que elas estão contigo a cada passo do caminho. Faça perguntas, e ouça os outros.

- [ ] **Escolha o meio de comunicação adequado.** Qualquer mensagem de alto conteúdo emocional deveria ser entregue pessoalmente (se for possível e viável), ou por telefone/teleconferência, não por e-mail/mensagem. Qualquer mensagem que seja essencialmente factual deveria ser comunicada por escrito.

- [ ] **Agilize e simplifique.** Hoje em dia, todos sofrem com uma enorme sobrecarga de informações, o que cria confusão e estresse aparentemente intermináveis. Use palavras concretas e recursos visuais quando necessário.

- [ ] **Observe sua linguagem corporal.** Fale com firmeza, mas não necessariamente em voz alta. Não seja arrogante nem condescendente. Olhe para a pessoa. Esteja consciente de sua postura corporal, posicionamento das mãos, gestos e expressões faciais.

Meta semanal

_____
_____
_____
_____

Três atitudes que tomarei para atingir minha meta

_____
_____
_____
_____

Afirmação pessoal

_____
_____
_____
_____

SEMANA 38

Leve a comunicação empática para o mundo digital

"A empatia é a forma mais rápida de comunicação humana."

— Stephen R. Covey

Esta semana em resumo

A comunicação eficaz no mundo digital requer a mesma intenção e habilidades usadas na comunicação presencial. De modo geral, o desafio está em interpretar e retransmitir a intenção por meio das mídias digitais.

Pergunte a si mesmo

Como posso "escutar" com empatia durante conversas por texto, telefone e e-mail?

_____
_____
_____
_____
_____

Ao se comunicar digitalmente esta semana (especialmente se as emoções estiverem à flor da pele), tente um dos seguintes procedimentos:

- Leia atentamente a comunicação da outra pessoa. Respire fundo e leia novamente.
- Reflita sobre aqueles sentimentos e aquelas palavras antes de expressar os seus.
- Afirme objetivamente a sua intenção. Seja específico.
- Escreva uma resposta e deixe-a descansar por uma ou duas horas. Volte mais tarde e analise se aquela resposta ainda reflete a maneira como você se sente e como pretende se expressar.

- Peça a um colega de confiança para avaliar sua resposta e dar-lhe um retorno.

Como foi essa experiência?

_____
_____
_____
_____
_____

Dicas de comunicação por e-mail

O que você está pensando	Não escreva	Escreva
"Demorei um pouco, mas não foi nada de mais."	"Desculpe a demora."	"Obrigado pela paciência."
"Ah, não! Me atrasei de novo!"	"Desculpe, sempre me atraso."	"Obrigado por esperar por mim."
"Minha agenda também é importante."	"O que funciona melhor para você?"	"Você poderia nesta data/hora?"
"Eu passei totalmente do ponto."	"Desculpe por ser excessivamente sensível."	"Obrigado pela compreensão."
"Sim, de nada."	"Sem problemas!" ou "Não se preocupe!"	"Estou feliz por ajudar!"
"Cometi outro erro."	"Desculpe, sempre faço besteira."	"Obrigado por ser paciente comigo."
"Sei o que estou fazendo. Eu cuido disso!"	"Acho que talvez devêssemos..."	"Seria melhor se nós..."
"Não sei como dizer isso."	(Não gaste uma hora reescrevendo o e-mail.)	"Seria mais fácil discutir isso pessoalmente."
"Você entendeu?"	"Espero que isso faça sentido."	"Me avise se tiver alguma dúvida."

"Eu desperdiço muito o tempo dos outros."	"Sinto muito que você precise me ajudar tanto."	"Obrigado por seu apoio constante."
"O que está causando essa demora?"	"Só queria verificar o andamento."	"Quando posso esperar uma atualização?"
"Cometi um pequeno erro."	"Ah, desculpe! Foi mal. Deixei passar totalmente essa."	"Bem observado! O arquivo atualizado está anexado. Obrigado por me avisar."
"Tenho um compromisso."	"Posso sair mais cedo?"	"Vou precisar sair para ____ a esta hora."
"Eu monopolizo todas as conversas."	"Desculpe por falar demais."	"Obrigado por me escutar".
"É óbvio que não!"	"Não."	"Não posso lhe responder agora, podemos tentar nos falar novamente daqui a algum tempo?"
		"Não posso me comprometer com isso agora."
		"Entendo que você esteja realmente precisando da minha ajuda, mas simplesmente não tenho condições de fazer isso agora."
		"No momento, vou precisar dizer não. Vou lhe avisar se algo mudar."
		"Sinto-me honrado por você ter me consultado, mas minha resposta é não."
		"Não, não posso fazer isso, mas eis aqui o que posso fazer..."

Meta semanal

_____
_____
_____
_____
_____

Três atitudes que tomarei para atingir minha meta

_____
_____
_____
_____
_____

Afirmação pessoal

_____
_____
_____
_____
_____

Hábito 6

CRIE
SINERGIA

SEMANA 39

Aprenda com as diferenças

"As pessoas inseguras (…) têm uma necessidade de moldar [os outros] para que adotem sua maneira de pensar. Elas não se dão conta de que a verdadeira força do relacionamento é ter um outro ponto de vista. A mesmice é pouco criativa... e cansa."

— Stephen R. Covey

Esta semana em resumo

Você tem uma imensa oportunidade de crescer aceitando as experiências, os pontos de vista e a sabedoria dos outros. As diferenças podem ser uma fonte de aprendizado, em vez de uma fonte de conflitos.

Pergunte a si mesmo

O que posso aprender com aqueles de quem discordo?

_____
_____
_____
_____
_____

Escolha uma questão política ou social com a qual você se preocupe. Deixando de lado suas opiniões pessoais, procure algumas pessoas e discuta as opiniões de cada uma delas. Escute com a finalidade de compreender. Anote pelo menos três perspectivas novas com as quais você teve contato neste exercício.

_____
_____
_____
_____
_____

Meta semanal

_____
_____
_____
_____
_____

Três atitudes que tomarei para atingir minha meta

_____
_____
_____
_____
_____

Afirmação pessoal

_____
_____
_____
_____
_____

SEMANA 40

Resolva um problema usando a sinergia

"Sozinhos, pouco podemos fazer. Juntos, podemos fazer muito."

— Helen Keller, escritora, ativista política e palestrante norte-americana

Esta semana em resumo

Você não precisa descobrir todas as respostas sozinho. Quando está lidando com um problema, a **sinergia** pode trazer à tona ideias às quais você nunca teria chegado sozinho.

Pergunte a si mesmo

Que problema parece incontornável quando penso em enfrentá-lo sozinho?

_____
_____
_____
_____
_____

Procure alguém (ou um grupo) para conversar sobre um problema que está enfrentando. Pergunte: "Você me ajudaria a ter ideias nas quais ainda não pensei?" Reserve alguns minutos para fazer um brainstorming — não julgue as ideias que lhe forem oferecidas, simplesmente ouça e absorva. Quais são as ideias que você pode usar?

_____
_____
_____
_____
_____

"Não tenham medo de fazer perguntas. Não tenham medo de pedir ajuda quando precisarem. Eu faço isso todos os dias. Pedir ajuda não é um sinal de fraqueza, é um sinal de força.
Mostra que você tem a coragem de admitir quando não sabe algo, e de aprender algo novo."

— Barack Obama,
44º presidente dos Estados Unidos

"Pedir ajuda sentindo vergonha significa:
Você tem poder sobre mim.
Pedir ajuda com condescendência significa:
Tenho poder sobre você.
Mas pedir ajuda com gratidão significa:
Temos o poder de nos ajudar."

— Amanda Palmer,
cantora norte-americana

"Pessoas humildes pedem ajuda."

— Joyce Meyer, escritora, palestrante e pastora cristã norte-americana

"A coisa mais importante que acho que precisamos lembrar é que somos um trabalho em andamento. Não tenha vergonha ou medo de pedir ajuda."

— Carnie Wilson, cantora e apresentadora de televisão norte-americana

Meta semanal

_____
_____
_____
_____
_____

Três atitudes que tomarei para atingir minha meta

_____
_____
_____
_____
_____

Afirmação pessoal

_____
_____
_____
_____
_____

SEMANA 41

Busque as terceiras alternativas

"O que é a sinergia? Em termos simples, significa que o todo é maior do que a soma das partes. (...) A sinergia é o que acontece quando um mais um é igual a dez, ou cem, ou até mil!"

— Stephen R. Covey

Esta semana em resumo

A Sinergia depende de uma disposição para buscar uma **terceira alternativa**. Mais do que apenas "do meu jeito" ou "do seu jeito", uma terceira alternativa é um caminho melhor e mais aprimorado. É algo que nenhuma das partes teria encontrado, ou poderia ter encontrado, por conta própria.

Exemplo: *Uma funcionária relutantemente pede um aumento à sua chefe. Logicamente, a chefe pode concordar ou não, e a funcionária está pronta para enfrentá-la caso a resposta seja não. Mas, surpreendentemente, a chefe opta por uma terceira alternativa. A chefe pergunta à funcionária sobre os clientes dela, como a empresa poderia atendê-los melhor, e o que eles deveriam fazer para gerar mais negócios. Ao escutar a funcionária, a chefe aprende a agregar mais valor e a aumentar o salário. Ao trabalhar em conjunto ao longo do tempo, a chefe não apenas intensifica a confiança e a remuneração da funcionária, como aumenta também seu volume de negócios com os clientes — um verdadeiro Ganha/Ganha para todos.*

Pergunte a si mesmo

Quando é provável que eu aceite soluções intermediárias? Quando eu experimento a sinergia? Qual é a diferença?

_____
_____
_____

Pode-se chegar a um acordo Ganha/Ganha simplesmente perguntando: "Como nós dois poderíamos sair ganhando nesta situação?" O que você está procurando é uma terceira alternativa que seja superior a qualquer coisa que você possa criar sozinho.

COMO EU GANHO   **COMO ELES GANHAM**

_____   _____
_____   _____
_____   _____

COMO NÓS GANHAMOS

_____
_____
_____

PENSAMENTO DE TERCEIRA ALTERNATIVA

Eu crio Sinergia com você

Eu procuro você

Eu me vejo

Eu vejo você

Em uma reunião futura, observe e identifique se a sinergia está ocorrendo ou não.

Lembre-se:

A sinergia é...	A sinergia não é...
Celebrar as diferenças	Tolerar as diferenças
Trabalhar em equipe	Trabalhar de forma independente
Ter a mente aberta	Achar que está sempre certo
Encontrar novas/melhores maneiras	Fazer concessões

Pense em um problema que se beneficiaria da sinergia. Use-o para buscar uma terceira alternativa. Escreva algumas de suas ideias abaixo:

_____
_____
_____
_____
_____

Você sabe que chegou à sinergia quando...
- Muda de ideia
- Sente uma nova energia e empolgação
- Enxerga as coisas de uma nova maneira
- Sente que o relacionamento se transformou
- Termina com uma ideia ou um resultado melhor do que qualquer uma das partes possuía originalmente (uma terceira alternativa)

Stephen R. Covey diz

"A sinergia é melhor do que o meu jeito *ou* o seu jeito. É o nosso jeito."

"[A sinergia é] o resultado poderoso ao qual se chega quando dois ou mais seres humanos respeitosos decidem, juntos, ir além de suas ideias preconcebidas para enfrentar um grande desafio."

"A sinergia não é a mesma coisa que acordo. Em um acordo, um mais um, na melhor das hipóteses, é igual a um e meio."

Meta semanal

_____
_____
_____
_____
_____

Três atitudes que tomarei para atingir minha meta

_____
_____
_____
_____
_____

Afirmação pessoal

_____
_____
_____
_____
_____

SEMANA 42

Valorize as diferenças

"A essência da sinergia é valorizar as diferenças — respeitá-las, investir nos pontos fortes, compensar as fraquezas."

— Stephen R. Covey

Esta semana em resumo

Valorizar as diferenças é a base da sinergia. Você é eficaz quando valoriza e aceita as diferenças, em vez de rejeitá-las ou simplesmente tolerá-las. Você enxerga as diferenças dos outros como pontos fortes, e não como fraquezas.

Pergunte a si mesmo

Conheço os pontos fortes únicos das pessoas com quem trabalho e convivo? Em quais relacionamentos tolero as diferenças, em vez de celebrá-las e valorizá-las?

_____
_____
_____
_____
_____

Identifique alguém que discorde de você e faça uma lista dos pontos fortes dessa pessoa.

_____
_____
_____
_____
_____

Ideia: Da próxima vez que essa pessoa discordar, diga: "Ótimo! Você enxerga as coisas de forma diferente. Eu preciso escutar você."

Como abordar as diferenças de opinião

1. **Discuta o assunto em particular**, preferencialmente em um encontro presencial, em um local neutro. Por favor, não desabafe nas redes sociais!

2. **Crie um ambiente positivo.** O respeito é primordial. Mostre-se calmo e aberto, e use declarações iniciadas com "Eu" para evitar o jogo da culpabilização. Seja paciente. Isso ajuda a nos lembrar do ditado: "É mais fácil atrair moscas com mel do que com vinagre."

3. **Vá direto ao ponto.** Evidencie a questão levantada para evitar confusão (um terreno fértil para falhas de comunicação) e sustente as opiniões com dados objetivos. Uma maneira de se preparar para as negociações é organizar seus pensamentos por escrito com antecedência.

4. **Permaneça aberto.** Olhe para dentro. Não presuma que a outra pessoa está errada. Procure entender a realidade dela. Faça o seu melhor para se colocar no lugar dela e realmente entender sua perspectiva, mesmo que não concorde. Uma técnica de debate é procurar entender as motivações da outra parte tão bem que você poderia, inclusive, argumentar *a favor* dela.

5. **Cultive a curiosidade.** Faça perguntas.

6. **Encontre pontos em comum.**

7. **Perceba que há um enorme potencial** para aprender com os erros uns dos outros.

> "Outra das grandes lições de Madiba: você pode ter uma notória diferença de opinião com alguém, mas isso nunca justificará o desrespeito."
>
> — Trecho de *Bom dia, Sr. Mandela*, de Zelda la Grange, funcionária pública sul-africana

> "Diferenças são saudáveis, pois nelas reside a possibilidade de investigação, e na investigação reside a possibilidade de aprendizado. As diferenças tornam-se insalubres apenas quando as transformamos em motivo de ódio."
>
> — Trecho de *All for Acceptance*, de Abhijit Naskar, neurocientista e escritor indiano

> "Você anseia por defender as próprias crenças? Ou por ver o mundo da forma mais objetiva possível?"
>
> — Trecho do TED Talk "Por que você pensa que está certo — Mesmo quando está errado", ministrado por Julia Galef, escritora e palestrante norte-americana

> "O objetivo da argumentação, ou da discussão, não deve ser a vitória, mas o progresso."
>
> — Joseph Joubert, moralista e ensaísta francês

"Existem dois tipos de pessoas: as que tentam ganhar e as que tentam ganhar discussões. Nunca são as mesmas."

— **Nassim Nicholas Taleb,**
ensaísta e estatístico libanês-americano

Leia as citações anteriores e escreva livremente seus pensamentos sobre as maneiras de valorizar as diferenças.

_____
_____
_____
_____
_____

Meta semanal

_____
_____
_____
_____

Três atitudes que tomarei para atingir minha meta

_____
_____
_____
_____

Afirmação pessoal

_____
_____
_____
_____
_____

SEMANA 43

Avalie sua abertura às diferenças

"[O] segredo para valorizar (...) as diferenças é perceber que todas as pessoas veem o mundo não como ele é, mas como elas são."

— Stephen R. Covey

Esta semana em resumo

Seu paradigma, muitas vezes, estabelece que *você* é objetivo, mas ninguém mais é. A eficácia requer que você demonstre humildade e reconheça as limitações de suas percepções.

Pergunte a si mesmo

Estou aberto a aprender por intermédio de diferentes pontos de vista ou de diferentes maneiras de fazer as coisas?

_____
_____
_____
_____

Liste algumas diferenças que se manifestam em seus relacionamentos (por exemplo, idade, posicionamento político, estilo, religião etc.).

_____
_____
_____
_____

Anote o que você poderia fazer para valorizar mais as diferenças.

_____
_____
_____
_____
_____

Autoavaliação

Você...	Sim	Não	Não tenho certeza
Contribui para um ambiente de trabalho que valorize o respeito e a inclusão de todos, independentemente das diferenças? De alguma forma, a maneira como você age *na ausência* das pessoas que diferem de você diz muito sobre seu nível de respeito por elas.			
Você se pronuncia e se comunica, agindo em prol da equipe, criando a atmosfera correta e contribuindo para uma cultura de comunicação?			
Mostra apreço pelas contribuições que os outros são capazes de fazer, absorvendo suas perspectivas, opiniões e ideias singulares? Procura descobrir no que cada pessoa se destaca, quais são seus pontos fortes?			
Pensa estrategicamente em quem faz parte de sua bolha? Em outras palavras, você se cerca de pessoas que trocam confortavelmente pontos de vista divergentes, sem medo de represálias ou desavenças?			
Você se coloca no lugar dos outros? Enxerga suas ações pelos olhos daqueles que, provavelmente, não veem as coisas da mesma forma que você, de modo a se certificar de que suas ações condizem com suas palavras?			

Enfrenta seus medos mais profundos? Pesquisas mostram que medos arraigados podem ser a causa de nossa aversão àqueles que pensam de forma diferente.			
Verifica seus motivos e abre mão da necessidade de estar certo? Ao conversar com alguém que discorda de você, se certifica de não ter a intenção de provar que aquela pessoa está errada?			
Convida e envolve as pessoas em conversas, debates saudáveis e trocas? Passa tempo com aqueles de quem discorda, e trabalha ativamente para descobrir quais das hipóteses que você sustenta são, na verdade, incorretas?			
Escuta com atenção e faz perguntas abertas? Se aproxima de pessoas diferentes de si e admite que pode aprender com elas, e elas com você?			
Tenta encontrar pontos em comum — especialmente no que diz respeito a valores compartilhados?			

Observe suas respostas à autoavaliação. Como você classifica sua abertura às diferenças?

_____
_____
_____
_____
_____

Meta semanal

_____
_____
_____
_____

Três atitudes que tomarei para atingir minha meta

_____
_____
_____
_____

Afirmação pessoal

_____
_____
_____
_____

SEMANA 44

Remova barreiras

"[Quando] a sinergia é introduzida (...) você descongela [as forças restritivas], as desamarra, gerando novas descobertas."

— Stephen R. Covey

Esta semana em resumo

Quando você aborda um problema com uma disposição para criar sinergia, pode encontrar novas maneiras de superá-lo.

Pergunte a si mesmo

Que barreiras me impedem, frequentemente, de fazer progressos em minhas metas?

_____
_____
_____
_____
_____

Pense em uma meta na qual está trabalhando. Identifique onde e por que está parado. Quais obstáculos está enfrentando?

_____
_____
_____
_____
_____

Encontre alguém para ajudá-lo a pensar em maneiras de superar esses obstáculos. Escreva aqui um resumo da conversa:

_____
_____
_____
_____
_____

"Muitas ideias crescem melhor se plantadas em outro cérebro do que naquele que lhes deu origem."

— Oliver Wendell Holmes Jr., juiz associado da Suprema Corte dos Estados Unidos

"A diversidade se trata de todos nós, e da descoberta de como percorrer este mundo juntos."

— Jacqueline Woodson, escritora norte-americana

"Na longa história da humanidade (e dos animais também), aqueles que aprenderam a colaborar e a improvisar com mais eficácia foram os que prevaleceram."

— Charles Darwin, naturalista, geólogo e biólogo inglês

"Encontre um grupo de pessoas que o desafie e inspire, passe muito tempo com elas, e isso mudará sua vida."

— Amy Poehler, atriz, comediante, escritora, produtora e diretora norte-americana

Como você se sente ao pedir ajuda a alguém? O que aprendeu com essa pessoa?

_____
_____
_____
_____
_____

Meta semanal

_____
_____
_____
_____
_____

Três atitudes que tomarei para atingir minha meta

_____
_____
_____
_____
_____

Afirmação pessoal

_____
_____
_____
_____
_____

SEMANA 45

Utilize os pontos fortes dos outros

"Quando contamos apenas com nossas próprias experiências, sofremos constantemente com uma escassez de dados."

— Stephen R. Covey

Esta semana em resumo

Você está cercado pelos pontos fortes dos outros, mas muitas vezes não os aproveita.

Pergunte a si mesmo

O que eu poderia fazer para tirar mais proveito dos pontos fortes dos outros para a minha vida?

_____
_____
_____
_____

"Coisas incríveis no mundo dos negócios nunca são feitas por uma única pessoa. Elas são feitas por uma equipe de pessoas."

— Steve Jobs, magnata dos negócios norte-americano

"Se você quer ir rápido, vá sozinho. Se quer ir longe, vá acompanhado."

— Provérbio africano

Liste seus amigos, familiares e colegas mais próximos. Ao lado do nome de cada pessoa, liste os pontos fortes de todas elas.

Você conseguiria associar alguns desses pontos fortes com um desafio que você vem enfrentando?

Nome	Ponto forte	Desafio

"Você precisa estar ciente do que os outros estão fazendo, aplaudir seus esforços, reconhecer seus sucessos e incentivá-los em suas buscas. Quando todos nos ajudamos, todo mundo ganha."

— Jim Stovall, escritor e humanista norte-americano

"É verdade: o trabalho em equipe faz o sonho acontecer."

— Natalya Neidhart, lutadora profissional e colunista canadense

Meta semanal

_____
_____
_____
_____
_____

Três atitudes que tomarei para atingir minha meta

_____
_____
_____
_____
_____

Afirmação pessoal

_____
_____
_____
_____
_____

Hábito 7

AFINE O INSTRUMENTO

SEMANA 46

Alcance a Vitória Particular Diária

"Não há maneira melhor de gastar uma hora do que com a Vitória Particular Diária (...). Ela vai afetar cada decisão, relacionamento. Aumentará muito a qualidade, a eficácia de todas as outras horas do dia."

— Stephen R. Covey

Esta semana em resumo

A **Vitória Particular Diária** — o tempo investido todos os dias rotineiramente, renovando o corpo, a mente, o coração e o espírito de uma pessoa — é o segredo para desenvolver todos os 7 Hábitos.

Pergunte a si mesmo

Estou investindo tempo todos os dias para renovar meu corpo, mente, coração e espírito?

_____
_____
_____
_____
_____

Estabeleça a própria rotina para a renovação diária. Onde você pode melhorar?

_____
_____
_____
_____
_____

Elementos para uma rotina matinal positiva

Elementos para uma rotina noturna positiva

Reveja sua agenda e sua lista de tarefas

Duas horas antes de se deitar, afaste-se do celular e coloque-o no modo avião

Carregue seu celular fora do quarto

Planeje um café da manhã saudável

Lave seu rosto, hidrate sua pele, escove os dentes, passe fio dental

Separe suas roupas para o dia seguinte

Leia um livro

Pratique yoga ou meditação

Experimente aromaterapia

Certifique-se de que seu quarto esteja com uma temperatura estável e amena

Escureça seu quarto e tente usar uma máscara tapa-olho e protetores de ouvido

Enquanto você descansa sua mente, relembre as coisas boas que fez naquele dia

Programe um alarme usando o despertador

Meta semanal

_____
_____
_____
_____
_____

Três atitudes que tomarei para atingir minha meta

_____
_____
_____
_____
_____

Afirmação pessoal

_____
_____
_____
_____
_____

SEMANA 47

Fortaleça seu corpo

"Muitas pessoas pensam que não têm tempo suficiente para fazer exercícios físicos. Que paradigma mais deturpado! Não temos tempo para não nos exercitar."

— Stephen R. Covey

Esta semana em resumo

A renovação física envolve cuidar de seu corpo físico — uma dieta saudável, descanso suficiente e exercícios regulares.

Pergunte a si mesmo

De que maneira eu poderia melhorar minha força e resiliência?

_____
_____
_____
_____

Escolha uma maneira de aprimorar sua capacidade física esta semana:

- Programe seu alarme para a hora de dormir.
- Encontre uma maneira desafiadora de ser ativo. Adicione um novo componente à rotina de exercícios físicos (por exemplo, resistência, flexibilidade ou força).
- Crie a própria maneira de aprimorar sua capacidade física.

_____
_____
_____
_____

Como criar um novo hábito

13
Esteja ciente dos benefícios

14
Substitua aquilo de que você está abrindo mão por outra coisa

15
Nunca admita quaisquer exceções ao seu novo hábito

16
Crie responsabilidade

17
Cerque-se de modelos positivos de comportamentos

18
Presenteie-se quando atingir um marco importante

19
Não tenha medo de ser imperfeito

20
Termine todas as frases negativas com "mas" (por exemplo: "Odeio acordar cedo todas as manhãs, mas me sentirei mais saudável depois de algumas semanas praticando exercícios físicos.")

21
Adote o novo hábito como parte do seu estilo de vida

22
Faça por você

Meta semanal

_____
_____
_____
_____
_____

Três atitudes que tomarei para atingir minha meta

_____
_____
_____
_____
_____

Afirmação pessoal

_____
_____
_____
_____
_____

SEMANA
48

Renove seu espírito

"A dimensão espiritual é seu centro, seu íntimo, seu comprometimento com seus valores."

— Stephen R. Covey

Esta semana em resumo

A espiritualidade é uma área muito particular da vida, e extremamente importante. Ela se ampara em fontes que o inspiram e o elevam.

Pergunte a si mesmo

Estou ancorado nos meus valores? O que me inspira e me eleva?

_____
_____
_____
_____
_____

Escolha uma maneira de aprimorar sua capacidade espiritual esta semana:

- Refine sua missão pessoal.
- Passe algum tempo na natureza.
- Ouça ou crie música.
- Seja voluntário em sua comunidade.
- Participe de tradições religiosas.

Como você vai aprimorar sua capacidade espiritual esta semana?

_____
_____
_____
_____
_____

Meta semanal

_____
_____
_____
_____
_____

Três atitudes que tomarei para atingir minha meta

_____
_____
_____
_____
_____

Afirmação pessoal

_____
_____
_____
_____
_____

SEMANA 49

Afine sua mente

"Não existe maneira melhor de instruir e expandir sua mente de modo sistemático do que o hábito de ler boa literatura."

— Stephen R. Covey

Esta semana em resumo

Assim que as pessoas terminam a educação formal, muitas permitem que a mente se atrofie. Mas o aprendizado contínuo é vital para a renovação mental.

Pergunte a si mesmo

Eu começo toda semana mentalmente revigorado?

_____
_____
_____
_____

Escolha uma maneira de aprimorar sua capacidade mental esta semana:

- Mantenha um diário.
- Leia literatura clássica.
- Cultive um passatempo.

Como você vai aprimorar sua capacidade mental esta semana?

_____
_____
_____
_____

Ideias de artesanatos e hobbies

tocar violão, piano, gaita ou qualquer instrumento musical • fotografia e/ou manipulação de fotos (Photoshop) • jardinagem • marcenaria • decoração • fabricação de joias • costura, bordado, ponto-cruz e consertos • tricô • crochê • decoupage • quilting • reaproveitamento de resíduos • álbuns de recordações • desenho a lápis • aquarela • pintura a óleo • colorir • escrever contos • desenho em quadrinhos e desenho de anime • design gráfico • serigrafia • linogravura • caligrafia • culinária e panificação • vidro soprado • cerâmica • escultura • trabalhos em couro • artesanato em madeira • bullet jornal • fabricação de velas • aromaterapia • design de unhas • maquiagem • jogar geocaching • produção de podcasts

Os melhores livros de autocapacitação para descobrir

Além de *Os 7 hábitos das pessoas altamente eficazes*, você pode conferir:

- *5 escolhas: o caminho para uma produtividade extraordinária*
- *O 8º hábito: da eficácia à grandeza*
- *Primary greatness* [Grandeza primária, em tradução livre]
- *Primeiro o mais importante*

Meta semanal

_____
_____
_____
_____
_____

Três atitudes que tomarei para atingir minha meta

_____
_____
_____
_____
_____

Afirmação pessoal

_____
_____
_____
_____
_____

SEMANA 50

Desenvolva seu coração

"Tocar a alma de outro ser humano é pisar em solo sagrado."

— Stephen R. Covey

Esta semana em resumo

Sua vida emocional é construída primordialmente — mas não exclusivamente — por meio de seus relacionamentos com outras pessoas.

Pergunte a si mesmo

Com quem posso me conectar esta semana? Como posso melhorar a vida dessa(s) pessoa(s)?

_____
_____
_____
_____

Escolha uma maneira de aprimorar sua capacidade social/emocional esta semana:

- Convide um amigo para jantar ou para fazer uma videochamada.
- Envie uma mensagem de texto ou um e-mail para um amigo com quem você não tem falado ultimamente.
- Perdoe alguém.

Como você vai aprimorar sua capacidade social/emocional esta semana?

_____
_____

"É um dos melhores presentes que você pode se dar, perdoar. Perdoe a todos."

— Maya Angelou, ativista dos direitos civis e poeta norte-americana

"O perdão é o perfume que a violeta espalha sobre o pé que a esmagou."

— Mark Twain, escritor e humorista norte-americano

"[Nós] devemos desenvolver e manter a capacidade de perdoar. Aquele que é desprovido da capacidade do perdão é desprovido da capacidade de amar. (...) Há algo de bom no pior de nós e um pouco de mal no melhor de nós. Quando descobrimos isso, ficamos menos propensos a odiar nossos inimigos."

— Martin Luther King Jr., ativista dos direitos civis e pastor cristão norte-americano

Quem são algumas pessoas que você precisa perdoar?

"Como sabemos, perdoar a si mesmo é o perdão mais difícil de todos."

— **Joan Baez, cantora, compositora, musicista e ativista norte-americana**

Inevitavelmente, ao passar pelo processo do perdão, você se tornará responsável por suas experiências e perceberá quanto sofrimento se permitiu suportar. Você se conscientizará das oportunidades de praticar o autoperdão.

Pelo que você precisa se perdoar?

_____
_____
_____
_____

Meta semanal

_____
_____
_____
_____
_____

Três atitudes que tomarei para atingir minha meta

_____
_____
_____
_____
_____

Afirmação pessoal

_____
_____
_____
_____
_____

SEMANA 51

Reserve um tempo para você

"Este é o investimento mais poderoso que podemos fazer na vida — o investimento em nós mesmos."

— Stephen R. Covey

Esta semana em resumo

A renovação do eu é uma atividade do Quadrante II. Devemos ser proativos para que isso aconteça.

	URGENTE	NÃO URGENTE
IMPORTANTE	I (GERENCIAMENTO) • Crises • Emergências médicas • Problemas urgentes • Projetos com prazos • Preparações de última hora para atividades agendadas *QUADRANTE DA NECESSIDADE*	II (FOCO) • Preparação/planejamento • Prevenção • Determinação de valores • Exercícios físicos • Desenvolvimento de relacionamentos • Lazer/relaxamento genuínos *QUADRANTE DA QUALIDADE E DA LIDERANÇA PESSOAL*
NÃO IMPORTANTE	III (EVITAR) • Interrupções/algumas ligações telefônicas • Alguns e-mails e relatórios • Algumas reuniões • Muitos assuntos "urgentes" • Muitas atividades populares *QUADRANTE DO ENGANO*	IV (EVITAR) • Banalidades e trabalho inútil • Lixo virtual • Algumas mensagens telefônicas/e-mail • Perda de tempo • Atividades escapistas • Assistir programas de TV irrelevantes *QUADRANTE DO DESPERDÍCIO*

Pergunte a si mesmo

As urgências estão atrapalhando o tempo dedicado à minha renovação?

_____
_____
_____
_____

Permita-se separar trinta minutos para si mesmo hoje. Escolha alguma coisa para eliminar o estresse (veja a seguir a lista de trinta eliminadores de estresse) e coloque-a em prática. Como você passou esse tempo? Como se sentiu depois?

_____
_____
_____
_____

Trinta eliminadores simples de estresse com duração de trinta minutos

Lembre-se de limitar algumas dessas atividades a trinta minutos; caso contrário, elas se tornarão atividades do Quadrante IV (não urgentes e não importantes).

1. Leia um bom livro.
2. Ouça um podcast inspirador.
3. Assista a um episódio de seu programa de TV favorito.
4. Tire uma soneca rápida.
5. Prepare algo saudável.
6. Faça uma refeição nutritiva.
7. Prepare o próprio suco.
8. Tome um banho quente e relaxante com óleos essenciais.
9. Medite ou ouça música relaxante.
10. Coloque uma música animada e dance.
11. Assista a vídeos engraçados de gatos.
12. Assista a uma palestra TED.
13. Chame um amigo para rir, não para desabafar.
14. Ligue, envie uma mensagem ou um e-mail para um membro da família, com o objetivo de colocar a conversa em dia.
15. Pratique uma técnica de respiração.
16. Beba uma xícara de chá.
17. Experimente aromaterapia.
18. Faça uma caminhada ou nade.
19. Faça um treino de alta resistência ou um exercício tranquilo de yoga.
20. Leia algumas frases motivacionais.
21. Faça um diário ou escreva algumas afirmações positivas.
22. Sonhe um pouco e crie uma lista de metas.
23. Escreva à mão uma mensagem positiva para seu futuro eu.
24. Acenda uma vela ou acenda uma lâmpada de sal do Himalaia, caso a tenha.
25. Brinque com seu animal de estimação.
26. Escreva uma lista de coisas pelas quais você se sente grato.
27. Relaxe com um livro de colorir para adultos.
28. Desligue o telefone.

29. Planeje as férias dos seus sonhos.
30. Não faça nada.

"Eu acho que a felicidade vem da autoaceitação."

— Jamie Lee Curtis, atriz, roteirista e ativista norte-americana

"Algo dentro de você emerge. (...) É uma paz inata e interna, quietude, vivacidade. É o incondicionado, quem você é em sua essência. É o que estava procurando no objeto amoroso. É você mesmo."

— Eckhart Tolle, autor best-seller e mentor espiritual alemão

"A única pessoa que pode me puxar para baixo sou eu mesmo, e eu não vou me permitir fazer isso novamente."

— C. JoyBell C., poeta e escritora norte-americana

"Encontre o amor que você procura, encontrando primeiro o amor dentro de você. Aprenda a descansar nesse lugar dentro de você. Esse é seu verdadeiro lar."

— Sri Sri Ravi Shankar, humanista, líder espiritual e embaixador da paz indiano

Que coisas, pessoas, lugares e acontecimentos fazem você se sentir feliz por estar vivo? Como você pode acrescentar mais elementos desse tipo em sua vida?

_____

_____

_____
_____
_____

O que você faria se amasse a si mesmo incondicionalmente?

_____
_____
_____
_____

Mencione uma maneira compassiva com a qual apoiou um amigo recentemente e, em seguida, escreva como poderia fazer a mesma coisa por si mesmo.

_____
_____
_____
_____
_____

Meta semanal

_____
_____
_____
_____
_____

Três atitudes que tomarei para atingir minha meta

_____
_____
_____
_____
_____

Afirmação pessoal

_____
_____
_____
_____
_____

SEMANA 52

Domine sua tecnologia

"Apesar de todos os nossos esforços para administrar o tempo que temos, fazer mais, ser mais e alcançar uma eficiência maior por meio das maravilhas da tecnologia moderna, por que cada vez mais nos vemos fazendo tarefas sem importância?"

— Stephen R. Covey

Esta semana em resumo

Ao longo da semana, recorde-se dos quatro quadrantes:

	URGENTE	NÃO URGENTE
IMPORTANTE	I (GERENCIAMENTO) • Crises • Emergências médicas • Problemas urgentes • Projetos com prazos • Preparações de última hora para atividades agendadas QUADRANTE DA NECESSIDADE	II (FOCO) • Preparação/planejamento • Prevenção • Determinação de valores • Exercícios físicos • Desenvolvimento de relacionamentos • Lazer/relaxamento genuínos QUADRANTE DA QUALIDADE E DA LIDERANÇA PESSOAL
NÃO IMPORTANTE	III (EVITAR) • Interrupções/algumas ligações telefônicas • Alguns e-mails e relatórios • Algumas reuniões • Muitos assuntos "urgentes" • Muitas atividades populares QUADRANTE DO ENGANO	IV (EVITAR) • Banalidades e trabalho inútil • Lixo virtual • Algumas mensagens telefônicas/e-mail • Perda de tempo • Atividades escapistas • Assistir programas de TV irrelevantes QUADRANTE DO DESPERDÍCIO

É bem provável que seus dispositivos sejam as principais fontes de urgências. Talvez você se sinta produtivo respondendo a todas as mensagens, mas, na maior parte das vezes, está se deixando distrair.

Pergunte a si mesmo

Estou usando minha tecnologia em detrimento de minhas metas e relacionamentos mais importantes?

_____
_____
_____
_____
_____

Faça alguma dessas coisas hoje para reduzir as distrações da tecnologia:

- Desative as notificações.
- Verifique as redes sociais apenas uma vez por dia.
- Faça uma promessa — e cumpra-a — de jamais permitir que seu dispositivo interrompa uma conversa.

Desligue seus dispositivos eletrônicos enquanto estiver trabalhando com suas **prioridades máximas**. Notou alguma diferença? Como a mudança afetou sua produtividade?

_____
_____
_____
_____
_____

7 maneiras de se desconectar da tecnologia

1. Deixe a tecnologia do lado de fora do quarto. Use um despertador à moda antiga, para que seu telefone não seja a primeira coisa que você pega ao acordar de manhã.
2. Estabeleça limites. Planeje não passar mais de vinte minutos por dia nas redes sociais, ou bloqueie os horários nos quais você não verificará nenhum feed.

3. Interrompa os ruídos! Cancele a inscrição em contas ou listas de e-mail desnecessárias, silencie ou deixe de seguir pessoas e saia de grupos. Desative as notificações.
4. Desconecte-se dos aplicativos, oculte-os em uma pasta, ou exclua-os.
5. Lembre-se que as redes sociais não são a realidade.
6. Mostre-se presente nas conversas.
7. Vá além. Se for uma pessoa que passa muito tempo na internet, preencha seu dia de modo que não haja tempo livre para isso. Opte por ler um livro.

Meta semanal

_____
_____
_____
_____

Três atitudes que tomarei para atingir minha meta

_____
_____
_____
_____

Afirmação pessoal

_____
_____
_____
_____

ISSO NÃO É TUDO!

Os 7 hábitos das pessoas altamente eficazes é um dos livros mais inspiradores e impactantes já escritos. Esperamos que, com este diário, você tenha apreciado e aprendido lições fundamentais sobre os hábitos das pessoas eficazes e bem-sucedidas, e que elas continuem a enriquecer sua experiência de vida.

Você pode aprender mais sobre a sabedoria atemporal e os princípios de Stephen R. Covey adquirindo *Os 7 hábitos das pessoas altamente eficazes*, disponível em diversos formatos.

Nossos melhores votos para que você se torne a melhor versão de si mesmo!

REFERÊNCIAS

Covey, Stephen. *Os 7 hábitos das pessoas altamente eficazes.*

Covey, Stephen. *Os 7 hábitos das famílias altamente eficazes.*

SOBRE STEPHEN R. COVEY E OS 7 HÁBITOS

O **Dr. Stephen R. Covey** faleceu em 2012, deixando um legado incomparável de ensinamentos sobre liderança, gerenciamento de tempo, eficácia, sucesso, amor e família. Autor best-seller, com milhões de exemplares comercializados de seus clássicos de autoajuda e negócios, o Dr. Covey se esforçou para ajudar os leitores a reconhecer os princípios que os levariam à eficácia pessoal e profissional. Sua obra seminal, *Os 7 hábitos das pessoas altamente eficazes*, transformou a maneira como as pessoas pensam e agem na resolução de seus problemas, por meio de um processo envolvente, lógico e bem definido.

Sendo uma autoridade de liderança respeitada internacionalmente, especialista em família, professor, consultor organizacional e escritor, seus conselhos contribuem para o esclarecimento de milhões de pessoas. Ele vendeu mais de 30 milhões de livros (em cinquenta idiomas), e *Os 7 hábitos das pessoas altamente eficazes* foi considerado o Livro de Negócios Mais Influente do Século XX. Foi o autor de *A 3ª alternativa*, *O 8º hábito*, *O líder em mim*, *Primeiro o mais importante*, e muitos outros títulos. Ele tinha um MBA em Harvard e um doutorado na Universidade Brigham Young. Stephen vivia com sua esposa e família em Utah.

SOBRE O AUTOR
SEAN COVEY

Sean Covey é empresário, escritor, palestrante e empreendedor. É presidente da FranklinCovey Education, e dedica-se a transformar a educação em todo o mundo por meio de uma abordagem de liderança centrada em princípios. Sean coordena o processo de transformação escolar da FranklinCovey, chamado Leader in Me®, que, no momento, está presente em mais de cinco mil escolas e cinquenta países ao redor do mundo.

Sean está entre os escritores mais vendidos na classificação do *New York Times*, e é autor ou coautor de diversos livros, incluindo *As 4 disciplinas da execução*, que ocupa a primeira posição na lista dos livros de negócios mais vendidos do *Wall Street Journal*; *As 6 decisões mais importantes que você vai tomar na vida*; *Os 7 hábitos das crianças felizes*; *O líder em mim*; e *Os 7 hábitos dos adolescentes altamente eficazes*, que foi traduzido para trinta idiomas e vendeu mais de oito milhões de exemplares em todo o mundo. Palestrante versátil, ele se apresenta regularmente para estudantes e adultos em escolas e organizações, e já participou de vários programas de rádio e TV, além de ter figurado em matérias da mídia impressa.

Sean se formou com honras pela Universidade Brigham Young (BYU), com um diploma de bacharel em inglês e, posteriormente, obteve seu MBA pela Harvard Business School. Como quarterback titular da BYU, levou seu time para duas finais e foi duas vezes escolhido o Jogador Mais Valioso do Jogo pela ESPN.

Sean e sua família fundaram e administram uma instituição beneficente global sem fins lucrativos, chamada Bridle Up Hope, que usa o treinamento equestre para inspirar esperança, confiança e resiliência em jovens mulheres que passam por dificuldades em sua vida. Sean mora com a esposa e filhos em Alpine, Utah.

A FranklinCovey é líder mundial em aprimoramento de performance de executivos, com atuação em 160 países. Nós ajudamos as organizações a conquistarem resultados que exigem mudanças no comportamento humano. Oferecemos soluções nos seguintes pilares: desenvolvimento de liderança, soluções de execução, aumento de produtividade, construção de confiança, lealdade de clientes e desempenho de vendas.

Atualmente, nosso portfólio é composto por 90% das empresas que integram o ranking Fortune 100, de 75% das empresas do ranking Fortune 500, milhares de pequenas e médias empresas, além de entidades governamentais e instituições educacionais.

CONHEÇA OUTRAS OBRAS PUBLICADAS PELA FRANKLINCOVEY

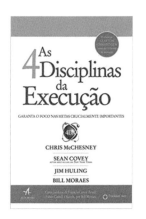

MAIS DE 60 MILHÕES DE CÓPIAS VENDIDAS

Conheça mais sobre como desenvolver sua personalidade, liderar sua equipe, ou transformar sua organização com esses best-sellers, visitando nosso site www.franklincovey.com.br

FranklinCovey
ALL ACCESS PASS®

O FranklinCovey All Access Pass™ possibilita a você aumentar o alcance, atingir seus objetivos empresariais e gerar impacto duradouro no desempenho. Com acesso ilimitado ao conteúdo da FranklinCovey, inclusive a todos os cursos de treinamento, ferramentas e recursos oferecidos presencialmente, ao vivo pela internet e sob demanda, agora você pode usar o conteúdo da FranklinCovey para levar benefícios à sua organização de várias formas.

Como assinante você pode:

- Acessar o conteúdo FranklinCovey a nível mundial, como e quando você precisar, incluindo *Os 7 Hábitos das Pessoas Altamente Eficazes 4.0*, *Liderando na Velocidade da Confiança* e *As 5 Escolhas para uma Produtividade Extraordinária*.

- Certificar seus facilitadores internos para ensinar nossos conteúdos, implementar esses conteúdos através dos consultores da FranklinCovey, ou usar nosso material digital para alcançar seus colaboradores com um conteúdo que realmente muda comportamentos.

- Ter acesso a um Especialista de Implementação que vai conduzir todo o design das jornadas de impacto para mudança de comportamento.

- Organizar todo o conteúdo FranklinCovey em torno da demanda específica do seu negócio.

- Desenvolver uma experiência equalizada de aprendizado global dentro da sua organização com nossas soluções principais, traduzidas em 16 línguas.

Faça como milhares de organizações pelo mundo que usam o All Access Pass para implementar estratégias, cobrir lacunas na operação, aumentar as vendas, construir a lealdade dos clientes e aumentar o engajamento dos colaboradores.

Para saber mais visite:
www.franklincovey.com.br ou ligue +55 (11) 5105-4400

EMBAIXADOR DOS 7 HÁBITOS DA FRANKLINCOVEY BRASIL

Nosso Embaixador dos 7 Hábitos da FranklinCovey Brasil é a autoridade máxima desse assunto no nosso país. O que significa que ele tem experiência, vivência e aprendizados dos 7 Hábitos sob a liderança e mentoria do próprio autor, o Dr. Stephen R. Covey.

O Embaixador está disponível para falar em entrevistas, podcasts e palestras sobre o impacto histórico e atual dos 7 Hábitos em pessoas e organizações pelo mundo.

Paulo V. Kretly

Mestre em Administração de Empresas e graduado em Pedagogia. Possui especialização em administração e marketing pela Fundação Getúlio Vargas e MBA nos Estados Unidos, com especialização em Marketing, pela Hawthorne University Salt Lake City Utah.

Atuou como Gerente-Geral e diretor de marketing em várias empresas multinacionais, como: Novell Inc./ WordPerfect Corp. e IBM. Atualmente, é o Presidente da FranklinCovey Brasil, sendo responsável por toda a operação da empresa no país e parte da África, é professor de pós-graduação em liderança organizacional e legado em algumas universidades do Brasil.

Durante 30 anos, vem prestando serviços voluntários contínuos em várias regiões do Brasil, África e Estados Unidos.

Para falar com nossa assessoria de imprensa mande um e-mail para info@franklincovey.com.br

FranklinCovey
Education

FORMAÇÃO PARA LIDERANÇA

CONCEITO MÁXIMO NO MEC

CONHEÇA NOSSOS CURSOS:
[GRADUAÇÃO]
[PÓS-GRADUAÇÃO]
[MBA LIVE-ONLINE]
[MBA HÍBRIDO]
[POWER MBA EM 6 MESES]
[CURSOS DE EXTENSÃO]

MUITA AULA AO VIVO

MUITO CONTEÚDO nas MELHORES plataformas.

MUITO CONTEÚDO EXCLUSIVO FRANKLINCOVEY

CORPO DOCENTE de Excelência

FAÇA JÁ SUA INSCRIÇÃO:

www.franklincovey.edu.br
faculdade@franklincovey.edu.br
(11) 95974 4829

DÊ O PRÓXIMO PASSO DENTRO DA SUA JORNADA

PARTICIPE DO WORKSHOP DOS 7 HÁBITOS

Continue sua jornada para efetivamente tornar-se seu próprio líder, aumentar o engajamento e colaboração com os demais, e melhorar continuamente suas competências. Os 7 Hábitos das Pessoas Altamente Eficazes 4.0 é um dos workshops de desenvolvimento de liderança pessoal mais renomados do mundo

Durante a sua vivência você aprenderá como:

- Ter uma mentalidade proativa e resistir a autossabotagem que a reatividade nos conduz através de influências externas.
- Identificar e alinhar sua declaração de missão pessoal e seus principais valores.
- Adotar princípios que vão transformar sua produtividade diária.
- Implementar técnicas cruciais de escuta dentro das bases da comunicação efetiva.

Para se inscrever ou saber mais acesse:
www.franklincovey.com.br/agenda

Este livro foi composto na tipografia Futura Std,
em corpo 11/16, no papel offset 90g., na
Gráfica Cromosete.